本书受国家社科基金项目"我国制造业转型升级□□□□□耦合研究（16BGL098）"、山东省社科规划项目"数字经济下履行社会责任影响企业绿色技术创新测度与优化路径研究（23BGLJ01）"、济南市市校融合发展战略工程项目"市校共建现代产业发展研究院助推济南高质量发展（JNSX2023027）"、济南大学出版基金资助出版

我国制造业转型升级与劳动力成本上涨的耦合研究

刘　毅　汉桂民　著

中国财经出版传媒集团

经济科学出版社
Economic Science Press

·北京·

图书在版编目（CIP）数据

我国制造业转型升级与劳动力成本上涨的耦合研究／
刘毅，汉桂民著 . -- 北京 ： 经济科学出版社，2025. 3.
ISBN 978 - 7 - 5218 - 6067 - 2

Ⅰ. F426.4

中国国家版本馆 CIP 数据核字第 2024PY6079 号

责任编辑：李一心
责任校对：李　建
责任印制：范　艳

我国制造业转型升级与劳动力成本上涨的耦合研究
WOGUO ZHIZAOYE ZHUANXING SHENGJI YU LAODONGLI CHENGBEN
SHANGZHANG DE OUHE YANJIU
刘　毅　汉桂民　著
经济科学出版社出版、发行　新华书店经销
社址：北京市海淀区阜成路甲 28 号　邮编：100142
总编部电话：010 - 88191217　发行部电话：010 - 88191522
网址：www. esp. com. cn
电子邮箱：esp@ esp. com. cn
天猫网店：经济科学出版社旗舰店
网址：http://jjkxcbs. tmall. com
北京季蜂印刷有限公司印装
710 × 1000　16 开　15 印张　210000 字
2025 年 3 月第 1 版　2025 年 3 月第 1 次印刷
ISBN 978 - 7 - 5218 - 6067 - 2　定价：88.00 元
（图书出现印装问题，本社负责调换。电话：010 - 88191545）
（版权所有　侵权必究　打击盗版　举报热线：010 - 88191661
QQ：2242791300　营销中心电话：010 - 88191537
电子邮箱：dbts@ esp. com. cn）

前　言

在我国制造业中，传统制造业比重较大，且多处于劳动资本型和劳动密集型阶段，人口红利为我国成为全球的制造中心提供了巨大的动力，使我国成为世界上制造业规模最大的国家，但是我国制造业在能耗、精度等方面还存在着一些问题，之前是因为我国具有劳动力价格较低的优势，这些问题通常不会显现出来。近年来，我国制造业不断地向转型升级方向进行推进，同时也要求劳动力的素质技能与工业技能高度交融，对我国传统制造业"大而不强"的特点提出了挑战。随着我国经济发展由"重量"向"重质"慢慢转变，传统制造业的劳动力资源优势逐渐缩小，如何加快制造业转型升级的进程和劳动力资源加快跟进制造业转型的步伐成为近年来较为突出的问题。

本书以我国制造业转型升级与劳动力成本上涨的耦合为研究主题，在第2章文献综述和第3章相关理论分析基础上，第4章用传统的"全要素生产率（TFP）"和包含劳动力资源投入要素生产率指标，结合其他竞争力指标，综合评价我国东中西部各省份制造业由粗放向集约、由低附加值向高附加值、由劳动资本驱动向知识驱动的转型升级程度，并对劳动密集型和高端制造业的TFP与包含劳动力资源投入要素生产率值的差异进行分析和评价。第5章从企业类型、行业、地区三个角度分析了制造业劳动力成本的差异，研究了2009～2019年不同行业劳动力成本上涨情况，分析了劳动力成本上涨对制造业转型升级的影响。第 6 章通过比较分析我国制造业转型升级的差异、比较分析制造业劳动力成本变动差异，得出劳动力成本上涨与制造业发展关联性演变规律。第 7 章对制造业转型升级与劳动力成本上涨的耦合机理进行梳理和分析，明确了两者耦合的动因和耦合机制，通过建立回归模型，运用 Stata14.0 软件和 Excel 软件对劳动力成本上涨对制造业发展的影响进行了检验，认为劳动力成本上涨能够促进制造业的转型升级，并通过建立耦合度模型和耦合协调度模型，从区域层面对我国东中西部有代表性的 12 个省份的制造业转型升级程度与劳动力成本上涨水平的耦合度和耦合协调度分别进行计算和分析，探讨二者耦合作用机制及耦合路径。第 8 章基于我国制造业转型升级与劳动力成本上涨的耦合情况，从政府角度、行业角度、企业角度、劳动者自身角度提出政策建议。

通过理论分析与实证检验，得出如下主要结论：第一，2009～2019 年中国大部分省份的制造业转型升级水平在上升，但也有部分省份出现下降，呈现出两极分化的趋势。第二，通过对制造业上市公司的全要素生产率分析，中部和西部的省份依靠自身禀赋优势和集聚效应，能够较好地带动本地区经济的发展，东部地区在近几年由于产业发展的侧重点和行业竞争较为激烈，产生了制造业产业的不平衡性和重复性等问题，对于制造业行业的内耗和资源配置不合理。第三，劳动力成本具有明显的企业差异、行业差异和地区差异，在缓解劳动力成本上涨对经济增长的负面影响方面，不能采取"一刀切"措施，要结合企业、行业、地区特点制定针对性措施。第四，制造企业要把着重点放在行业设备、技术水平以及研发投入上，促进行业生产率的提高，推动行业和经济发展，加快劳动密集型行业向资本密集型、技术密集型行业转型。第五，由于制造业行业发展状况不同，2009～2019 年制造业劳动力规模缩小，劳动力成本上升且速度较快，制造业平均工资、工资总额存在上涨趋势。第六，不同地区的企业出于成本和投入的考虑，选择进行产业转移，劳动者手中可支配收入提高也会使企业更加重视技术水平带来的更大收益，劳动力成本上涨会影响行业的转型升级。第七，劳动力成本上涨能够对制造业的转型和升级产生正向促进作用，但是劳动力成本上涨给制造业转型升级带来的正向影响不是立即发生的，体现出制造业转型升级对劳动力成本上涨的响应具有滞后性。第八，我国中部地区制造业转型升级与劳动力成本上涨的耦合度和耦合协调度最高，且东、中、西部地区的变化趋势相似。从耦合度来看，东部地区和西部地区 2017 年均回到磨合阶段，而中部地区仍处于高水平耦合阶段，且耦合强度高。从耦合协调度来看，东、中、西部地区均已进入优质协调发展阶段，处于可接受区间内。

目 录

第1章

绪　　论

1.1　研 究 背 景

近年来，制造业不断向转型升级、互联网化方向进行推进。同时也要求劳动力的信息技能与工业技能的高度交融，这对我国传统制造业"大而不强"的特点提出了挑战。在我国制造业中，传统制造业比重较大，且多处于劳动资本型和劳动密集型阶段，在能耗、精度等方面存在着许许多多的问题，但由于我国具有劳动力价格较低的优势，这些问题通常不会显现出来。随着我国经济发展由"重量"向"重质"慢慢转变，传统制造业的劳动力资源优势逐渐缩小，如何加快制造业转型升级的进程和劳动力资源加快跟进制造业转型的步伐成为近年来较为突出的问题。

人口红利为我国成为全球制造中心提供了巨大的动力，使我国成为世界上制造业规模最大的国家，但近年来，我国的制造业人口红利边际效益正在递减。而新兴的制造业规模增长区域，又往往是有着丰富的劳动力资源且劳动力水平不高的发展中国家。这些新兴的发展中国家凭借着廉价的劳动力，为了达到稳定快速增长的目的，只能是不断地蚕食中国已有的制造业份额。它们会不会抢中国制造的饭碗？答案是必然的。但中国制造会不会因此衰减，答案也几乎是必然不会的。

从中短期来看，中国在很长一段时间内依然是世界的制造中心。在人口基数达到峰值与教育水平不断提升的背景下，低端制造业转移是必然趋势，而国内的制造业在政策扶持下本来就在转型升级，部分高端制造业的领域甚至已经可以与欧美等传统的制造业强国一较高下。高端制造业领域份额的扩大必然会导致低端领域份额诉求的减少。但高端份额的扩大不一定能弥补低端份额减少所带来的损失，因为高端制造业不能吸纳大量就业人口。进而我国经济快速发展中出现了制造业发展质量低、转型升级缓慢、制造业竞争力不强、劳动力成本上涨的多重矛盾问题。

1.1.1 制造业发展质量低及转型升级缓慢

根据《中国制造业高质量发展报告（2019）》，我国制造业劳动生产率远远低于传统强国。我国制造业的发展问题在于对外的依存度仍然较高。许多关键的核心技术与高端装备仍需依赖别国，使我国制造业的发展质量较低，以及面临诸多的升级困境。科技与经济的发展不同步也是重要问题，加快科技成果的转化是提升制造业发展水平的重中之重，增加产品的科技附加值，同时降低能耗，是未来发展的方向。

制造业的转型升级之路也任重道远，产业结构的调整要依靠技术的改革升级和管理的创新应用，而这两部分的进步都不是一蹴而就的，在加快自主创新的步伐中，也要注重公司治理的实践，对于环保的产品追求也应当始终如一。在巨大的市场竞争环境与多元化的客户需求之下，建立完备的信息体系，对信息资源充分利用，都是转型升级的重要方面。

我国制造业的发展充分发挥了后发优势，对先进制造业经验进行了充分学习，然而自主创新的能力却不足，许多关键部件要依赖进口，长期处于简单粗放的发展模式下。同时，生产效率的低下和附加值较低也长期困扰着制造业的发展，与发达国家的差距明显。在制造业的发展历程中，中国也经历较少，制造业的发展时间不长，基础工业薄弱，在形成体系和进一步规划方面都缺乏经验积累和实践认知，高端制造业的发展之路任重道远。

1.1.2 制造业竞争力不强

制造业是我国经济的重要组成部分，我国拥有体量庞大的制造业总量，然而"大而不强"的问题始终存在。从制造大国向制造强国、质量强国、网络强国和数字中国的转变，主要是谋求制造业的竞争力飞跃。在过去，我国长期拥有着制造业低成本的优势，而在近几年，随着劳动力成本的上涨，中国制造业必须谋求新的发展，利用好几次技术革命的成果，以创新成果保持生机和活力，找到新的发展之路。技术发展的持续进步，使全球产业链重构成为新形势，中国制造业的优势，也有赖于自改革开放以来我国积极规划形成的产业集群和配套设施。而新形势下，我们已经不能满足于中低端产品的生产与制造，要提升到中高端的全球产业链中去。

我国制造业高质量发展也是目前经济振兴的重点，逆全球化思潮使高端制造业成为各国的必争之地，受全球贸易不确定性的影响，我国势必要将最重要的技术和技能都握在手中，才会在激烈的国际竞争中免于受制于人。我国目前也在各尖端领域展开创新布局，延伸产业链长度，推进动力改革，促进制造业转型升级，加快科技成果转化，促进生产力的不断发展。

1.1.3 劳动力成本上涨

劳动力成本上涨是我国现发展阶段所面临的重大课题，在我国经济的飞速发展时期，人口红利发挥着重大的作用，人口年龄结构为我国经济发展提供了充足的劳动人口，众多的人数又使劳动力的价格较低，使我国成为"世界工厂"。人口红利除了体现在绝对的人口数与劳动力人口占总人口的比值上，还体现在协同优势中。我国的劳动人口语言相通，处于基本同一的教育和文化下，学习和使用相同的法律，这使我国在特定的历史时期获取了绝无仅有的制造业优势。从乡村振兴战略及2035年远景目标提出以来，东部、中部、西部地区的生产要素差异逐渐减少，产业结构调整步调加快。这些战略的实施都会影响着我国各省份制造业的转型升级，对制造业的质量和效率提出了新的规划，由此对于制造业的从业者来说，相应的概念和技能要求更高，往往就会造成需要高技能人才的企业产生"用工荒"的现象和与企业用人条件不匹配的"求职大军"现象共生的场面。随着人口的快速增长，我国在人口红利中取得的巨大成就呈现越来越难以为继的局面，人口红利的消退，说明我国人口的结构优势和数量优势趋弱，可能在未来不再作为经济发展的巨大驱动力而存在，而是作为社会责任、家庭责任等社会支出方面，对经济发展提出了新的要求。2021年4月，在陈浩等发表的《关于我国人口转型的认识和应对之策》的央行工作论文中，出现了我国的人口红利仅剩十年的预测，这让我们意识到，应该通过发展方式的转变来脱离人口红利带来的发展良机，首当其冲应当受到关注的就是劳动力成本上涨问题。

劳动力的成本直接关系到目前制造业的发展程度和未来的发展方向，劳动力成本上涨的原因是多方面的：人口快速增长之后，青少年的抚养成本变高；随着医疗卫生事业的发展，人口的平均寿命增长，老龄化社会日趋接近，使社会和家庭的养老成本增加；同时，随着人民生活水平的提高，劳动力对工资水平和工作环境有了更高的要求，并且随着科学文化的发展，劳动力的综合素质也获得了质的飞跃。以上的诸多原因，也使我国要谋求从制造大国向制造强国、质量强国、网络强国和数字中国的转变，实现高质量的发展。蔡昉在分析我国劳动力资源优势时曾指出，中国未来的适龄劳动力人群将逐渐减少，劳动力短缺的趋势将会引起中国经济产生"优势真空"陷阱。随着中国老龄化现象逐渐显现，适龄劳动力所面临的生活压力和家庭压力不断扩大，企业的用工成本也在不断上升，劳动密集型产业的产业优势无法支撑起劳动力成本上涨压力，迫使企业在加速转型的同时降低对技术能力要求，造成了待业的高学历群体不断扩大，企业的用工成本也在不断上升。

劳动力成本的上涨也早已受到关注，劳动力配置和我国制造业转型升级如何更匹配，是解决企业"用工荒、转型难"和高技能人才"求职难、竞争大"两个问题的关键所在，也是适应未来适龄劳动力人口短缺大趋势不变下企业如何更好地进行人力资源配置和转型的关键。为了保证和推动企业的发展，我国陆续出台政策，完善社保体系发展，提升社保水平，以减轻企业压力。为了实现高质量用工以及应对日渐提升的劳动力综合素质，地方政府设置工资指导线，推动健全企业工资协商机制，为中小企业提供更多支持，以保证以人力成本增长为发展症结的中小企业能够在劳动力成本上涨的趋势中，既保证劳动者的福利，也维护企业的发展前景。

1.2　研　究　意　义

1.2.1　理论意义

本书从微观视角界定劳动力成本的概念内涵，分析经济转型背景下劳动力成本上涨与制造业转型升级的耦合机理，并验证劳动力成本上涨与不同类型制造业劳动效率以及制造业经济贡献之间的相关性，更加全面地衡量和反映高端制造业和劳动密集型制造业受劳动力成本上涨的差别性波动，归纳出中国制造业转型升级与劳动力成本上涨之间存在的对应关系，在学术上可以进一步丰富和深化产业升级和劳动力成本管理的研究。

1.2.2　实践意义

本书通过对劳动力成本上涨对制造业发展影响程度的科学度量，可以使政府有关部门更为准确地了解和把握经济转型背景下制造业发展的具体情况，以便做出合理决策；通过探究制造业转型升级与劳动力成本上涨的耦合机理和路径，可使制造业了解自身转型升级与劳动力成本上涨的协同发展状况，根据耦合情况及时对劳动力成本管理作出调整；可为劳动者自测劳动力成本，提升自身素质，适应制造业转型升级需要，降低失业风险提供依据。

1.3　研究内容与研究方法

1.3.1　研究内容

以往学者对有关我国制造业转型升级的研究基本是从路径选择、强化产业链、创新融合等方面着手，考虑劳动力成本在内的，多为回归分析的影响研究。实际上，我国制造业转型升级与劳动力成本上涨的关系，并不是单向的连接，而是具有耦合效应。对于我国制造业转型升级与劳动力成本上涨的耦合效应以及在此效应存在下对我国经济的影响学者们研究得还很少。本书致力于我国制造业转型升级与劳动力成本上涨的耦合效应，为促进我国制造业转型升级找到了较为新颖的研究视角。

以往对劳动力成本上涨的研究，主要集中于对经济的影响，但是对两者关系的研究目前学术界并没有一致性的结论，有的学者认为劳动力成本上涨势必会带来成本的增加，会带来负面影响，有的研究则发现了劳动力成本的上涨也带来了劳动力质量的上升，高素质的劳动力对经济的影响是正向影响，其间影响的机制也各不相同。本书通过实证研究，一是探讨我国制造业转型升级与劳动力成本上涨的关系，二是研究它在现行经济条件之下，我们应当如何应对，为我国制造业转型升级增加新的理论探讨，为我国劳动力成本上涨的现状提出新的解决方案。

具体研究内容如下：

第 1 章为绪论。主要阐述本书的研究背景以及理论意义、实践意义，同时梳理了本书的整体结构体系及研究方法和创新点，最后列出了研究思路和技术路线。

第 2 章为我国制造业转型升级与劳动力成本上涨的耦合研究相关文献的梳理。回顾并梳理了各位学者对我国制造业转型升级与劳动力成本上涨的文献，旨在通过文献梳理寻找劳动力成本上涨可能造成的影响，以及为制造业转型升级带来的作用，以便进行后续的实证研究。

第 3 章为我国制造业转型升级与劳动力成本上涨的理论分析。梳理了我国制造业转型升级与劳动力成本上涨的相关理论，并对耦合机制做出分析，研究其影响机制，为下面研究奠定理论基础。

第 4 章为制造业转型升级分析框架。用传统的"全要素生产率（TFP）"和包含劳动力资源投入要素生产率指标，结合其他竞争力指标，综合评价我国东部、中部、西部各省份制造业由粗放向集约、由低附加值向高附加值、由劳动资本驱动向知识驱动的转型升级程度，并对劳动密集型和高端制造业的 TFP 与包含劳动力资源投入要素生产率值的差异进行分析和评价。

第 5 章为劳动力成本上涨分析框架。从企业类型、行业、地区三个角度分析了制造业劳动力成本的差异，研究了 2009～2019 年不同行业劳动力成本上涨情况，分析了劳动力成本上涨对制造业转型升级的影响。

第 6 章为制造业转型升级与劳动力成本上涨的演变分析。通过比较分析我国制造业转型升级的差异、比较分析制造业劳动力成本变动差异，得出劳动力成本上涨与制造业发展关联性演变规律。

第 7 章为制造业转型升级与劳动力成本上涨的耦合水平评价的实证研究。对制造业转型升级与劳动力成本上涨的耦合机理进行梳理和分析，明确了两者耦合的动因和耦合机制，通过建立回归模型，对劳动力成本上涨对制造业发展的影响进行了检验；建立耦合度模型和耦合协调度模型，从区域层面对我国东中西部有代表性的 12 个省份的制造业转型升级程度与劳动力成本上涨水平的耦合度和耦合协调度分别进行计算和分析，探讨二者耦合作用机制及耦合路径。

第 8 章提出结论和建议。总结前面研究的结论，并基于我国制造业转型升级与劳动力成本上涨的耦合情况，通过利用"以政府保障为前提，劳动者素质与技能培训为基础，制造业市场竞争力提高为核心，企业劳动力成本管理为主体"的"四位一体"实现二者耦合路径，从政府角度、行业角度、企业角度、劳动者自身角度提出政策建议。

1.3.2 研究方法

（1）现场访谈、实地调查、文献查阅。运用这些方法调查不同区域劳动力成本变动状况、劳动力成本管理状况、制造业发展状况，分析不同类型制造业竞争力和发展质量的差异，探讨我国制造业发展的经验和存在的问题。

（2）利用 TFP 和包含劳动力资源投入要素的生产率指标对中国制造业转型升级中的效率进行分析与对比，并运用基于 DEA 的 Malquist 指数模型分析变化，以得出劳动力成本要素对制造业产出的影响。

（3）德尔菲法、主成分分析法。根据实地调研，总结劳动力成本上升对制造业发展的影响因素，结合德尔菲法等确定评价指标，通过运用熵权分析与主成分分析理论来优化精简劳动力成本上升对制造业发展影响的评价指标体系，并对各指标赋予权重，构建包含 2 个一级观测指标、12 ~ 14 个二级观测指标、20 余个三级观测指标的综合评价指标体系。

（4）分别运用 Johanson 协整检验模型、广义脉冲响应模型等对中国制造业转型升级与劳动力成本上涨的耦合协调度及其时空路径进行实证分析与检验。并通过实地访谈、问卷调查法和比较研究，提出制造业转型升级与劳动力成本管理实现耦合的发展路径和对策。

1.4 研究创新点

（1）本书从微观角度对劳动力成本进行界定，探讨中国制造业发展与劳动力成本上涨的时空耦合关系，尝试研究产业转型升级中劳动力成本管理的理论范式，有效解决劳动力成本变化的问题，为劳动力政策的调整提供科学依据。

（2）从管理学角度探索劳动力成本管理对制造业发展的影响的演变规律，实证检验劳动力成本上涨对不同区域、不同类型制造业影响存在的差异，并从管理学角度分析劳动力成本管理在制造业转型升级中的根本性作用，提出我国制造业转型升级与劳动力成本上涨实现良性耦合的对策建议。

1.5 研究思路与技术路线

首先，从劳动力成本上涨、制造业竞争力不强和转型升级缓慢等现实问题出发，综合运用人力资本理论、产业转型升级理论和评价理论等理论探求我国劳动力成本上涨和制造业发展趋势，进行两个专题实证研究：一是我国制造业转型升级实证研究，二是中国制造业劳动力成本上涨的影响因素及评价；其次，分析不同区域、不同类型制造业发展现状，揭示制造业转型升级与劳动力成本上涨的耦合机理；再次，综合两个专题实证研究结果，构造耦合模型，检验我国制造业转型升级与劳动力成本上涨空间的行业及时空耦合特征与路径；最后，提出制造业转型升级与劳动力成本管理实现耦合的发展策略。研究技术路线如图1.1所示。

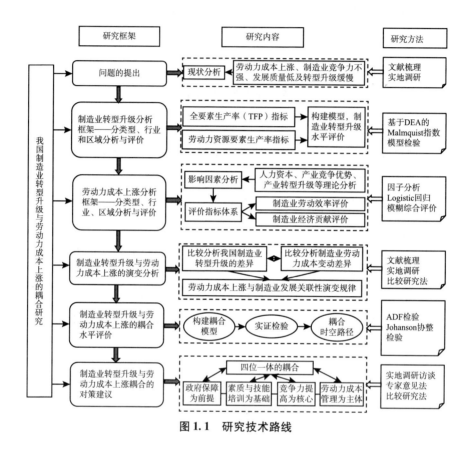

图1.1　研究技术路线

1.6　本 章 小 结

本章提出了我国制造业转型升级与劳动力成本上涨的耦合研究的背景、意义、内容、方法、创新点和研究思路，为课题指明了研究方向，设计了研究路线，点明了研究意义。本书的研究过程在于首先通过文献整理和理论研究，对制造业转型升级与劳动力成本上涨现状和现有研究成果进行研读与借鉴，然后建立制造业转型升级的评价体系，对制造业转型升级进行度量，再对劳动力成本上涨进行模型构建，科学的量化和评价劳动力成本上涨，之后通过比较研究法找到两者关联性演变规律，最后构建耦合模型，度量耦合度与耦合时空路径，并在此基础上提出研究建议。同时，本章提出了研究的创新点，希望能为我国的制造业腾飞提供有益的思考。

第 2 章

概 念 解 释 与 相 关 文 献 综 述

2.1　制造业转型升级的研究综述

"全球价值链"这一理念首先在西方被提出。各个经济体之间，从纵向的角度分别在全球的产业价值链中占据着不同的位置。这也由此产生了当今关于制造业转型升级的讨论，即提升制造业的发展质量，合理规划未来制造业的发展方向，进一步提升在全球的产业价值链中的位置，从制造大国向制造强国转变（黄群慧和贺俊，2016[1]）。当前的发展环境不断变化，与国外的对比研究显示我国的制造业仍与发达国家存在一定差距，仍然需要持续推进制造业的转型升级（孙理军和严良，2016[2]）。发达国家的主要优势在于已经先人一步地进入"智能制造"阶段，而具有更低劳动力优势的东南亚国家接受了更多的制造业转移，这给我们的启示是要提升在全球价值链中的地位，要在结构优化的基础上增强产业的竞争力，促进价值链的延伸（周晓波，2018[3]）。

2.1.1　制造业发展现状

我国在制造业转型升级方面已经采取了许多政策，使我国的产业结构得到了持续优化，从表 2.1 中三大产业对 GDP 的贡献率来看，除去 2020 年受到疫情影响，第一、第二产业占比整体呈下降趋势，第三产业呈上升趋势，产业结构不断得到优化，产业结构不断合理化。然而，与发达国家之间仍然有距离，仍要进一步提升第三产业对经济的贡献率。

表 2.1　　　　　2016～2020 年三大产业对 GDP 的贡献率　　　单位：%

指标	2020 年	2019 年	2018 年	2017 年	2016 年
第一产业对 GDP 的贡献率	9.5	3.9	4.1	4.6	4
第二产业对 GDP 的贡献率	43.3	32.6	34.4	34.2	36
第三产业对 GDP 的贡献率	47.3	63.5	61.5	61.1	60

资料来源：国家统计局网站，http://www.stats.gov.cn/。

　　我国传统的制造业依靠资源和劳动力，属于资源密集型和劳动力密集型，但是随着劳动力成本的上涨，这种粗放的发展模式已经不适于现在市场的需求（李福柱和刘华清，2018[4]）。制造业的转型升级在我国经济新常态中占据重要地位，从高速经济发展到高质量经济发展的要求指示我们要完成制造业的转型升级（周茂等，2018[5]）。

　　制造业是工业的重点，也是经济发展的重要动力，为中国的经济发展作出了巨大贡献。然而，制造业的发展在取得耀眼成就的同时，也暴露出一些问题。我国制造业的传统问题是创新能力不足，技术进步是制造业发展的必经之路（郑猛等，2015[6]）。

　　我国的制造业发展也面临着多重的机遇与挑战。贸易保护主义抬头，使我国必须加快由"制造"向"创造"转变的进程，提高产品的核心竞争力（于畅和邓洲，2020[7]）。劳动力成本的上涨使成本优势丧失，需要我国在制造业发展中降低能耗，提高资源的利用效率，从而降低单位成本，维护价格优势（周丽等，2013[8]）。中国的制造业发展实践也为日后的规划提供了经验和教训（裴长洪等，2021[9]）。

2.1.2 制造业转型升级的影响因素

引进外资是制造业转型升级的重要方法，利用外资的市场优势，打开国际市场，在国际市场中参与竞争，重视品牌建设，创造制造业企业新的生产效率提升点（邱斌和周荣军，2011[10]）。同时，也只有树立起使人信服的品牌，才能形成制造业企业新的竞争力，在国际竞争中立于不败之地（李作战，2007[11]）。建立品牌不仅可以打开国际市场，也有利于行业自身加强产品建设，增加产品种类，提升产品质量，促进制造业的转型升级（刘志彪，2005[12]）。良好的政策环境也是促进改革进步的重要保障，制造业企业的创新研发需要得到良好发展环境的支持，从而激发企业的创新活力和热情（胥朝阳等，2020[13]），同时，规模经济的优势也应当被应用于制造业转型升级中，进行产业集群建设可以很好地提升生产效率，发挥规模经济作用（章立东和李奥，2021[14]）。产业间的协同也是制造业转型升级的重要一步，提升各产业间的合作可以提高投入产出比，加强各产业间的联系，也能够起到节约资源的作用（Charlie et al.，2012[15]）。

随着人力成本的上涨，制造业的发展不能再简单地依靠廉价劳动力的奉献，高水平人才的作用也不可忽视。制造业企业的创新发展也离不开创新人才的引领，技术进步会不断促使制造业企业走升级转型之路（张若雪，2010[16]）。制造业的升级方式还可以通过更新生产线的方式，提升单一产品的价值与附加值，从生产线更新中提升生产效率（汤杰新等，2016[17]）。企业家才能、人力资本、创新力等也能够对制造业转型升级产生积极影响，企业应当着力提升这些方面（刘天元，2017[18]）。

创新是制造业转型升级的重要方面，创新带来的技术升级和管理升级对制造业企业都有显著影响，尤其是在技术密集型的制造业企业中（宋林和张杨，2019[19]）。走向"智能制造"要从技术能力升级和营销管理能力升级入手，以技术引领促进制造业企业的转型升级（郭进，2021[20]）。大数据的应用也为制造业企业创新提供了新思路，数据科学的发展以数据赋能驱动制造业企业创新，构建更加完备的发展规划和思路（郭星光和陈曦，2021[21]）。

2.2 劳动力成本的研究综述

保持和提升制造业的竞争力一直是我国经济的重要课题，近年来，我国的人口红利逐渐流失，制造业的价格优势也在逐渐丧失，国际经济环境复杂多变，劳动力成本也日渐上涨，在劳动力素质提升、劳动力价格上涨的形势下，对制造业的竞争力产生了重大考验。

2.2.1 劳动力成本上涨的现状

改革开放以来，我国拥有巨大的人口红利优势，依靠着从境外以及港澳台转移的制造业，获得了制造业的高速发展，并积极规划，形成了众多产业集群，为我国奠定了良好的工业基础，也促使我国经济高速增长。尤其是我国的东部地区，凭借优越的自然资源和地理位置，辅以鼓励开放和发展的经济政策，更是由于价格低廉的劳动力供给，东部地区成为发展的先头部队（铁瑛等，2018[22]）。随后，为了鼓励和支持中西部地区的发展，也为了进一步缩小中西部地区与东部地区的差距，国家实施区域均衡发展政策，其目的一方面是为了促进制造业的西移，带动区域经济发展；另一方面也是为了缓解逐渐增长的人力成本。可以看到，近年来不仅是东部地区，甚至许多内陆地区都存在着由于供需价格不等而产生的用工困境（蔡昉，2010[23]），根据发展规划以及市场的导向，制造业应当由东部地区逐步向中西部地区转移（王非暗等，2010[24]），然而事实并非如此，由于劳动力价格的持续上升，更多的制造业企业选择了向东南亚地区外移，是因为我国中西部地区的劳动力价格优势也不再显著。工人工资的差距，使东南亚地区成为低端制造业聚集的新地区（李建强和赵西亮，2018[25]）。以上都为我国制造业的转型升级提出了迫切的需求，也为产业区域布局提出了新的挑战。

由于2020年的数据并未更新，表2.2统计了2011～2019年制造业劳动力平均工资的数据，从表2.2中可以看出，制造业劳动力的平均工资在逐年上涨，且基本两倍于十年前的劳动力平均工资。

表2.2　　　　　**2011～2019年制造业各单位就业人员平均工资**　　　单位：元

指标	2019年	2018年	2017年	2016年	2015年	2014年	2013年	2012年	2011年
制造业城镇单位就业人员平均工资	78147	72088	64452	59470	55324	51369	46431	41650	36665
制造业国有单位就业人员平均工资	88864	78142	77649	71130	64931	61600	54094	47367	43031
制造业城镇集体单位就业人员平均工资	54677	50643	48202	44753	42026	38350	34689	29538	25031
制造业其他单位就业人员平均工资	78238	72181	64271	59278	55162	51163	46297	41453	36360
制造业城镇私营单位就业人员平均工资	52858	49275	44991	42115	38948	35653	32035	28215	24138

资料来源：国家统计局网站，http://www.stats.gov.cn/。

2.2.2　劳动力成本上涨的影响因素

近年来，随着人民生活水平的提高，劳动力的素质得到了长足发展，工资收入也获得了提升。劳动力的工资提升有利于拉动内需，在国际形势风云变幻的今天对经济有不可替代的促进作用。但是劳动力的价格上涨为制造业企业带来许多困扰，也为我国体量庞大的制造业提出了新的挑战。低廉的劳动力曾为我国带来强有力的出口优势，如今将被劳动力价格更低廉的东南亚国家取代，东南亚国家也将取代中国成为跨国集团新的加工厂。

引起劳动力成本上涨的原因有许多，修正后的《中华人民共和国劳动法》对劳动力权益的保障更加有力，间接地带动了劳动力价格的上涨（李志强和赵磊，2021[26]）。同时，该法对于劳动环境、社保、假期等也提出了要求，对劳动补偿也提出了明确规定，这些都增加了企业的支出（戚庆余，2021[27]）。政府对于改善民生的要求，也为制造业的劳动者改善了生活环境，提升了社会福利水平，完善了社会保障，使劳动者对于美好生活的追求日渐提升，均提升了劳动力的价格（巫文强，2017[28]）。劳动力的供求关系也是影响价格的重要因素，随着人口红利的消逝，医疗卫生的进步与人均寿命的增加，在我国出现了人口老龄化的趋势。劳动力年龄的增长已经是无可争议的事实，由此带来的劳动力短缺是制约制造业发展的一大问题。随着制造业的发展，劳动力的需求也将加大，此时定会出现劳动力成本上涨的问题（李建伟，2020[29]）。对劳动力成本上升的影响效应，李中建、刘翠霞（2015）提出在制造业升级中劳动力的供给数量呈持续增长趋势，但涨幅不高，劳动力成本、R&D 经费投入、职业技术教育、固定资产投资等因素与制造业升级关联较大[30]。陈晓华，刘慧（2015）提出外需疲软会对资本密集型内资制造业技术复杂度升级产生负向效应，不会改变劳动密集型制造业和资本密集型外资制造业技术复杂度升级的原有"轨迹"[31]。都阳（2013）根据劳动力需求函数估计了制造业劳动力需求产出弹性值较高，且对低技能工人的需求工资弹性高于对高技能工人的需求工资弹性，如果能够保持劳动力市场灵活性，要素市场的变化就有可能推动中国经济实现转型和升级[32]。

随着我国经济持续向好发展，物价上涨，个人需要用于维持自身生存以及家庭支出的费用也日渐上涨，生活环境的改善也使衣、食、住、行、教育、医疗等生活成本上涨，个人对生活的要求也有所提高，进而推动了劳动力价格的上涨（李建伟，2020[33]）。

2.3 耦合效应研究综述

2.3.1 劳动力成本与制造业产业转移研究综述

关于劳动力成本上升带来产业发生转移的理论的研究国外有很多，著名的发展经济学家刘易斯认为，在实际工资不变的情况下，工业企业获取利润，并将其用于在投资，由此带来企业的规模增长，不断地吸收剩余的劳动力，最终全部吸收，此时工资也将由原本的维持水平转变为持续陡峭上升。刘易斯比较早从劳动力成本角度解释了发达国家向发展中国家进行产业转移的动因（Arthur Lewis，1954[34]）。价格较低的劳动力成本是我国制造业获得国际竞争力的主要原因，也是从根本上外企会选择我国进行制造业建厂发展的原因（Judith Banister，2007[35]）。在对我国部分地区的研究中发现，工人的熟练程度会直接影响到工资，而在外商看来，这一效应在中西部地区更加弱化，即中西部地区不同熟练程度的工人的工资差距较小，并且在中西部地区贸易开放显著地作用于工资差距，在东部地区则是不显著的，在一定程度上说明中西部更倾向于其廉价的劳动力（陈怡等，2011[36]）。通过分析我国制造业的全要素生产率水平以及劳动力成本状况，可以发现，长期来看，资本密集型产业更具有单位劳动力成本优势，资本密集型产业的升级是我国制造业今后发展的必然选择，将逐渐代替劳动密集型产业（曲玥，2010[37]）。而也有学者提出，对劳动密集型制造业来说，劳动力成本的上涨加大了劳动力成本，让我国制造业生产的价格优势有所丧失，致使出口有所下降，甚至使一些外商担负高额的转移成本从我国撤离，转向投资更具低成本优势的国家，影响了我国的制造业前进（周丽等，2013[38]）。

2.3.2　劳动力成本与制造业结构升级研究综述

国内外针对劳动力成本影响制造业结构升级的问题主要从需求、供给和成本利润等角度展开。恩格尔于 1857 年提出的"恩格尔定律"揭示了一国居民收入水平高低对商品消费结构的影响，这为从需求角度研究工资水平影响产业结构升级的作用机制奠定了基础。由于工资上涨，企业为了降低成本，希望能够提升劳动力的效率，从而企业会加大培训投入，以应对日益上涨的劳动力价格（Almeida & Carneiro, 2006[39]）。国内学者研究了劳动力成本上升与三次产业比重的关系，劳动力成本上升对第一产业的影响为负，而对第二、第三产业的影响为正，工资与产业结构的优化升级之间是正相关关系，低工资阻碍技术创新，在一定程度上弱化了工资对产业结构升级的促进效应（郑延智和黄顺春，2012[40]）。对劳动力成本上升的影响效应，有学者提出，在制造业升级中劳动力的供给数量呈持续增长趋势，但涨幅不高，劳动力成本、R&D 经费投入、职业技术教育、固定资产投资等因素与制造业升级关联较大（李中建和刘翠霞，2015[30]），还有学者提出外需疲软会对资本密集型内资制造业技术复杂度升级产生负向效应，不会改变劳动密集型制造业和资本密集型外资制造业技术复杂度升级的原有"轨迹"（陈晓华和刘慧，2014[41]；刘丽，刘任保[42]）。学者根据劳动力需求函数，估计制造业劳动力需求产出弹性值较高，相比于高技能工人，低技能工人的需求工资弹性更高，如果能够保持劳动力市场灵活性，要素市场的变化就有可能推动中国经济实现转型和升级（都阳，2013[32]）。

国内外的研究人员普遍认为，劳动力资源对于制造业转型升级方式的影响主要集中于劳动力资源的规模是否和制造业的发展水平相对应、劳动力资源的价格是否能够有效地降低制造业的生产成本以及劳动力资源的综合职业素养是否能够达到制造业企业所需要的条件等角度展开。恩格尔在研究一个国家的民众收入水平对于所消费的商品类型所产生的影响机理时，提出了轰动一时的"恩格尔定律"，为后人在探索劳动力资源的配置费用通过何种方式影响制造业产业的转型升级的影响机理指明了新的方向。阿尔梅达和卡内罗（Almeida & Carneiro, 2006）则认为劳动力资源配置费用会影响所在企业对于劳动者的培训力度，企业为了更好地发挥出劳动力资源的配置成本，将会加大对于劳动力的培训以求在最短时间内能够使劳动力熟悉岗位，提升其工作效率[39]。国内学者研究了劳动力成本上升与三次产业比重的关系，发现劳动力资源的配置成本对于不同产业类型的影响是不为相同的。劳动力资源配置成本较高的地区的第二、第三产业能够保持较为稳定的增长，对于第一产业有一定的抑制作用。配置成本过低，虽然能够为企业节省一定量的用人成本，但也在一定程度上不利于企业进行推陈出新，降低了劳动力资源对于产业的转型升级的促进作用。

2.3.3　劳动力成本与制造业竞争力研究综述

许多学者从不同的角度对中国劳动力成本的变化趋势及其对中国制造业竞争优势的影响做了很多研究。学者们主要围绕中国制造业劳动者小时劳动报酬展开分析，认为中国城镇劳动力成本和乡村劳动力成本差距很大，其中，城镇劳动力成本较高，而乡村劳动力成本很低，在世界中处于绝对优势（Erin Lett & Judith Banister, 2009[43]; Cordon H & Hanson, 2012[44]）。中国取得的发展成功有目共睹，人口转变在较短时间中完成，经济取得飞速发展，二元经济发展过程也被加快，劳动力供求关系变化，导致普通劳动者工资的持续提高，使中国经济进入刘易斯转折点（蔡昉和都阳，2011[45]），进入 21 世纪以来，劳动力成本的上升日益显著，我国的人口红利正在逐渐消失，制造业劳动力成本上升的现状即使发展受到阻力，也带来了新的发展机遇（贾小玫，2015[46]）。通过脉冲响应函数构建，验证了劳动力成本对制造业国际竞争力的冲击，短期内劳动力成本上升显著促进了制造业国际竞争力的提升，但在长期内这种影响将保持均衡水平（程承坪和张旭，

2012[47]）。从单位劳动力成本角度上看，我国制造业的国际竞争优势在何种方面，学者认为得益于劳动生产率的快速增长，其增长的速度高于劳动力成本上升的幅度，制造业的单位劳动成本反而呈下降趋势（王燕武和李文溥，2011[48]）。还有学者提出工资上涨主要通过要素替代效应、技术创新效应等机制促进劳动生产率的提升，提升企业竞争力（李平等，2011[49]）。

2.3.4　我国制造业转型升级与劳动力成本上涨的耦合研究综述

柯布和保罗·道格拉斯在研究投入产出的内在联系时，发现产业结构和劳动力资源的流转存在着较为微妙的联系，通过对经济发展之中的资本和劳动力的代替函数基本不变的现象提出的生产函数，是可以较好联系制造业转型和劳动力资源配置效率关系并且对配置效率进行评价的指标。国内针对制造业转型升级和技术改进对劳动力资源的影响因素分析中往往会使用包络模型、索洛模型和随机前沿分析模型对中国各地区的全要素生产率进行计算，分析我国制造业转型升级中技术增长和劳动力资源对其的贡献率。劳动力的转换成本是制约劳动力在不同劳动力市场间的转换的关键因素，而分工细化、专业化和教育水平提高，都会提高劳动力的价格，提高不同劳动力市场间的壁垒。不同层次的制造业对于劳动力的配置效率也各不相同。发展经济学认为，制造业结构的变化在国民经济的提升过程中起着举足轻重的作用。对于第一产业而言，生产率的提高将会解放出大量的生产力，这些生产力往往综合素质不高，但是也会涌入第二和第三产业，促进产业和制造业结构的升级。第二、第三产业在不同部门生产效率提高后会将劳动力资源在不同部门之间进行流转分配。产业的不断升级也会影响着劳动力资源的需求程度向更加技能化和综合化的方向推进，这也与我国不断推进的素质教育普及和人口红利不断减少的趋势和现实相符合。

目前，我国制造业转型升级与劳动力成本上涨的关系研究有许多，但以相关性的分析居多（苏杭等，2017[50]；阳立高等，2014[51]），《2008～2014 中国制造业 500 强研究报告》中曾写出，在中国制造业500 强企业中的调查发现，他们的利润水平持续出现下降情况，究其原因，是劳动力价格的不断上涨。中国制造业企业利润率远远低于世界平均水平，然而其资产负债率却逐年升高。国际市场也敏锐地捕捉到了这一点，这导致大量的资金撤出中国，这些资金占 GDP 的比重也日渐升高，我国出现资本外逃情况（Prasad，2012[52]）。劳动力成本上涨，导致东道国丧失了对外国企业来此投资建厂的吸引力，此时对东道国来说，应当推动当地的产业升级，进行更高阶段的制造业发展（Kahyarara，2003[53]；Baniste，2009[54]）。也有研究认为，从供给曲线来看，我国的劳动力供给曲线向下，在制造业蓬勃发展的今天，对劳动力的需求越来越大，而可供给的劳动要素却日渐减少，导致供需不平衡，且中间的缺口越来越大，反映到现实中，就表现出了企业招工的难度越来越大，"用工荒""民工荒"问题显现，而且由于资源的稀缺，劳动力的价格日益上涨，且增幅日渐加大（阳立高，2014[51]）。由此可见，我国制造业转型升级与劳动力成本上涨的关系并不是单向的影响，而是具有一定的关联度，彼此牵制，彼此影响，且同时也受到经济条件的制约，单一的相关性联系可能会具有内生性问题，因此，本书希望以耦合效应的角度研究我国制造业转型升级与劳动力成本上涨问题，并在中国市场的条件下进行检验，以对中国的制造业发展提出有益的思考，为政策的制定和企业的发展提供参考。

耦合效应指的是两个及以上的事物相互作用，产生彼此间的影响，从而联合起来产生增力的现象。也称之为互动效应，或联动效应。学者曾研究要素禀赋和按要素密集度分类的制造业之间存在关联关系，省份的经济发展水平越高，关联关系就越紧密（柏星，2021[55]）。对于传统制造业集群与区域经济的耦合研究发现，制造业应当与区域经济减少拮抗，破解动力升级短板，提升生态和谐程度，同时要注重发展质量，提升发展质量，在高总体水平的发展中达到耦合状态，以进一步达到更好的发展。本书将要素具体为劳动力这一重点要素，着重研究制造业发展升级中，劳动力成本上涨问题，从而为促进制造业发展提供指导依据。

2.4　文献述评

国内外学者从不同角度研究了劳动力成本与制造业发展问题，这些成果为本书奠定了良好的基础，但劳动力成本上涨是必然趋势，已有研究难以满足制造业转型升级的需要，表现在：（1）从研究的内容上来看，现有研究主要探讨劳动力成本对产业升级和产业转移影响，对劳动力成本上涨与制造业产业协同发展方面研究较少，对不同行业、不同区域内劳动力成本上涨对制造业影响的横向比较研究较少；（2）现有研究从经济学、社会学等角度开展研究的较多，主要侧重劳动力的供给、劳动者素质等方面对产业发展的影响，很少从管理学的角度探究我国产业转型升级背景下制造业中劳动力成本管理问题；（3）制造业劳动力成本上涨给制造业发展造成了很大困扰，甚至影响到了某些制造业生存，而现有研究对制造业转型升级与制造业中劳动力成本上涨的耦合路径研究很少。

2.5　本章小结

本章首先对制造业转型升级的影响因素进行概述，随后，对劳动力成本上涨对制造业转型升级的影响相关文献进行了梳理，发现我国制造业已经在持续的转型优化中，制造业的发展在取得耀眼成就的同时，也暴露出一些问题。技术进步是制造业发展的必经之路。制造业发展过程中面临着劳动力成本上涨问题，在劳动力素质提升、劳动力价格上涨的形势下，对制造业的竞争力产生了重大考验。最后简述了耦合效应的研究现状和结论，阐述我国制造业转型升级与劳动力成本上涨的关系并不是单向的影响，而是具有一定的关联度，彼此牵制，彼此影响，进而在理论基础和相关文献的基础上，找寻了本书的主要研究方向，为整个研究提供了相关文献理论，是本书进行深入研究的基础。

第 3 章

制造业转型升级与劳动力上涨的理论分析

3.1 制造业转型升级理论分析

本章旨在通过理论分析，阐释我国制造业转型升级的内在机理与路径。本部分首先梳理相关的理论知识，其次在有关学者的研究基础上阐述本书的理论推演，通过对现有研究成果的梳理，可以看出当前对制造业转型升级研究较多，但是我国的实践经验较少，尤其是高水平的智能化制造业，通过详细的理论推演和对国外经验的借鉴，希望对我国的制造业实践产生有益的思考。

3.1.1 基于分工理论对制造业转型升级的研究

分工理论（divisions of labour theories）的观点认为，提升劳动生产率，可以通过在劳动中分工的方法，劳动分工也对提升国民经济产生巨大作用。1776 年 3 月，亚当·斯密在《国富论》中第一次提出了劳动分工的观点，在当时产生了巨大作用。其实关于分工的探索，在斯密前后都有丰富的讨论，而只有亚当·斯密将分工提到了前所未有的重要地位，并以此展开了一系列有益的思考。

有两种不同的分工情况都值得我们关注：一是为了在给定的公司

或工厂生产某一特定产品而对不同业务进行细分；二是同一行业中的公司的专业化。前者的分工受限于某一特定企业或工厂的产出需求，而后者的分工受限于整个行业的需求。有人认为，在生产同质产品的行业中，任何一家公司生产规模的增加都可能与内部分工的变化有关。在企业间分工的情况下，单位成本的降低可能是横向解体的结果。最后，在生产一种由许多不同的子商品组成的复合商品的行业中，企业的不平衡行为可能会导致每个企业集中在更少的子商品上，因为预期会有新的企业进入，或者是有新的企业进入，导致了这样的不平衡行为。

在 20 世纪 70 年代，对分工理论创新的应用展现在制造业中，主要表现是，将制造业的工序在各国之间划分，以对外投资的形式，在不同的工业集中地点完成相应部分的生产活动，来更好地利用全球范围内的资源，比如税收优惠、低廉的劳动力、便捷便宜的运输以及各国引进外资的优惠政策（苏红键，2012[56]）。这可能让全球化成为在曾经世界结构调整所涉及的所有重大变化中的最重要的力量。全球化是一个由市场驱动和多层面变化的过程，使世界最终分裂成为发达国家和发展中国家、工业化国家和正处在工业化进程中的国家，以及核心国家和边缘国家。我们熟悉的核心、半外围和外围的形象不再适用于一种新的结构，这种结构既包含了基于不同地点的独特比较优势的垂直一体化区域分工，也包括横向多样化网络，将其活动扩展到邻国，作为公司多样化和全球化战略的一部分，上述分类没有捕捉到世界经济一体化的复杂性和可变性，以及它限制所有地区和国家适应跨国资本的方式。目前正在进行的全球转型不仅切断了以前的劳动分工，从地理上重组了经济活动，而且限制了国家自治，侵犯了主权（Mittelman，1997[57]）。我们应当在当前社会大规模工业自动化进程的基础上解释全球转型和不平衡发展，以及它对工人阶级、个人和集体生产主体性的影响。今天，在一个更加复杂的国际局势中，发展的动力是运用经验对矛盾提出解决方案，矛盾即对构成劳动过程的、特定的、经验性的活动系统中所特有的矛盾。发展被理解为动机、行动与人们采取行动的多种调节形式之间的互动与匹配。这使得技能和知识分析被系统地归类为描述工作组织动态性质的一系列系统、问题和机会的一部分。资本在世界范围内寻找相对成本和质量的最有利可图的组合，这些组合是由工人阶级不同的民族碎片的历史变化而成的。因此，每个国家都倾向于集中某种类型的劳动力——具有特定复杂性的独特的"物质和道德"生产属性，这些生产力在空间上是分散的，但以尽可能低的代价被整个资本集体利用。在当前世界未有之大变局中，我们如何应对在世界化分工时的新角色，是制造业发展的前景所在。

3.1.2 基于产业竞争优势理论对制造业转型升级的研究

产业竞争优势（industrial competitiveness）理论认为，产业竞争力是实行出口导向型工业化政策的国家面临的一个重要问题。评估一个行业的竞争力是一个复杂的过程，可以从多个角度进行分析。产业竞争优势的主要理论包括比较优势论、新贸易论和波特的国际竞争优势模型。

比较优势理论认为，国家在选择贸易产品时应当发挥自身的优势，专注于生产优势产品并将其出口，而对于不具有比较优势的产品则选择进口。但是由于比较优势是变动的、发展的，该理论在不断发展的今天面临许多问题，非常重要的一点就是随着技术发展与普及，企业无法维持现有比较优势。随后以保罗·克鲁格曼（Paul Krugman）为代表的学者又提出了新贸易理论，修正了传统的比较优势理论，他们认为国家专注于生产具有优势产品并将其出口，通过该国要素的禀赋的实际情况，可以选择出适当的产品，而选择产品的理由不是单一的，还要考虑到由于先发优势的存在，先进入行业的竞争者会具有规模经济和学习经济，这构成强有力的竞争力，是别国要素禀赋无法替代的，也就是说各个经济体应当抓住先发机会，进入市场。国际贸易的存在更是由于消费者对于不完全竞争市场差异性产品的追求，以及垄断市场势力下的垄断定价收益。本理论从生产要素转移到生产规模来探讨产业竞争优势，但是也有一定的局限性，比如对于发展中国家的产业调整作用参考作用有限。

直到迈克尔·波特（Michael E. Porter）于 1990 年提出竞争优势理论，创造性地设计出将生产要素条件、需求条件，支援产业与相关产业以及企业竞争环境等四大要素构建成影响国家竞争优势的"国家钻石"模型，成为迄今为止最有影响的产业国际竞争优势理论。通过对这些环境因素的分析，能有效地发现相应的产业竞争优势，为产业国际竞争力的提升提供方向（迈克尔·波特，1990[58]）。在此之后，格罗斯曼提出了动态比较优势，认为通过专业化的学习，可以获取到比较优势，同样地，也可以通过投资、创新，以及经验积累等达到这一目的。尤其是讨论了创新的决定作用。从较为新兴的经济体的例子中也可以看出，中国和墨西哥专注于劳动密集型制造业，巴西和印度尼西亚集中于农业大宗商品，秘鲁和南非出口大量的矿产，这说明国家间的资源和技术差异在当前全球贸易地位中起着重要作用。同时，比较优势是短暂的，因为一国最高出口产品的主导地位往往是短暂的。发展中国家的创新力度大于发达经济体，当制造业的比较优势消散得比非制造业更快的时候，制造业成本黏性也会相对加强，这意味着相对优势的行业比处于劣势的行业更倾向于长期平均水平。

因此，发展中经济体可能面临一种取舍：一种是根据存在的比较优势（在低技术产品方面）进行专业化生产，另一种是进入它们目前缺乏比较优势的行业，但由于高技术产品生产力增长的潜力，未来发展中经济体可能会获得这种优势。过去的技术变化决定了目前的比较优势，当前的创新速度也因此被决定。在自由贸易条件下，对符合当前比较优势的项目进行深入专业化的生产，以此带来的可能是福利下降，而选择性干预则可能对经济发展、贸易伙伴的福利都有改善作用，以获得更广阔的发展空间。

3.2　劳动力成本理论分析

关于劳动力成本的讨论一直富有争议，劳动力成本上涨已是既成事实，然而有的学者认为较高的工资水平会导致企业以资本替代劳动力（Mizobuchi et al.，2015[59]）。也有学者研究，劳动报酬增长伴随着更快的劳动生产率增长，劳动力成本优势在劳动力成本上涨时期并没有减弱（都阳和曲玥，2009[60]）。未来如何保持劳动力成本优势，以及在现行劳动力市场条件下如何通过产业结构升级和教育体制完善来维持劳动力成本优势，是我们应当关注的。

3.2.1　基于劳动力市场理论对劳动力成本的研究

劳动力市场理论（theory of the labor market）采用制度经济学的观点，指出劳动力市场由于种种制度性力量的影响而被划分为不同的部分。在劳动力市场的不同部分里，教育与工资的关系是不同的。该理论认为劳动力市场是由主要劳动力市场和次要劳动力市场两个不同部分组成的。群体似乎在不同的劳动力市场运作中，具有不同的工作条件、不同的晋升机会、不同的工资和不同的市场制度。两个市场之间具有相对的封闭性，它们之间的人员很少相互流动。也就是说，基于劳动力市场理论，劳动力的价格是由市场的不同而决定的，而市场的不同是由于前述的制造业分工不同而产生。

在对劳动力市场理论的研究中发现，投资成本、折旧成本等因素对资本成本的调节作用是有限的，而劳动力的调整成本则是多样化的、相关的、分散的，相互作用的过程更加明显。实证研究支持个人特征决定了参与率和区域内的工资分配，但就业结构调整是区域间平均收入差距的主要原因（Burke & Walsh，2012[61]）。劳动力市场理论认为，利润最大化的雇主会根据员工的个人特征来评估他们，并预测由于竞争机制的影响，劳动力市场的差异会随着时间的推移而缩小（K. Arrow，1972[62]）。在劳动力市场理论的研究基础上，学者又进行了新的思考，发现从大多数衡量标准来看，劳动力市场各群体之间的差异并没有消失（R. Edwards，1972[63]）。

同时，市场机制可以使劳动力在微观经济的意义上逐步调整而达到帕累托最优状态,而现实情况中,劳资双方的谈判地位往往是不同的,此时,通过设立工会组织,来维护劳动者的权益,表达劳动者的诉求。但工会的存在同时损失了市场调整的效率,也会使这样制定的价格不能表现出市场的公允,而会体现更多的人文关怀,无法达到资源的最优配置。同时,政府也会进入这场谈判中,政府为了维护国民的利益和维护社会稳定,会允许无效率甚至阻碍经济效率的组织存在(比如工会),正是因为政府没有一味地追求效率,才能更好地保护人民利益,使国家长治久安(诺思,2002[64])。

3.2.2 基于人力资本理论对劳动力成本的研究

人力资本(human capital theory)理论认为物质资本指物质产品上的资本,包括厂房、机器、设备、原材料、土地、货币和其他有价证券等;而人力资本则是体现在人身上的资本,即对生产者进行教育、职业培训等支出及其在接受教育时的机会成本等的总和,表现为蕴含于人身上的各种生产知识、劳动与管理技能以及健康素质的存量总和(王希元和杨璐,2016[65])。

亚当·斯密的《国富论》展示了劳动作为一种资源,在各种资源中拥有特殊的地位,他认同了劳动创造价值的观点,是第一位将人力作为资本对待的经济学家。劳动技能与劳动水平是劳动力价值的体现,然而通过训练可以提升劳动力的劳动技能,劳动力的价值便体现在自身为了提升劳动的熟练度以及劳动经验而付出的时间成本和学习成本。法国经济学家萨伊认为,劳动力通过教育和培训提升技巧,在此过程中花费的成本被称为"积累资本",在此过程中总结或发现的科学知识,也是构成生产力的重要一环。因此,劳动者的工资应该包含两部分,第一是付出劳动所赢得的劳动报酬,第二是在提升劳动能力时接受培训和教育所付出的资本利息。卡尔·马克思也对劳动力的价值产生过丰富的思考,也曾提出,在劳动力获得成长经验和工作技能的过程中所付出的成本,例如教育和培训的支出,应当归结于劳动力成本。

也正是由于这种计算方式，即他提出的体力和脑力组成了劳动力，卡尔·马克思在论述工资的本质时提出，资方所支付的劳动力价值表现形式——工资，是"劳动力价值"而非"劳动价值"。

在人力资本的深入研究中，经济学家阿尔弗雷德·马歇尔提出了知识应当被认可为一种独立的生产要素，更进一步地，教育投资对一国的经济增长起着重要的作用。马歇尔认为，人创造财富可以通过投资于自身的教育来实现。

西奥多·舒尔茨的人力资本理论也是人力资本研究的历史中的里程碑。舒尔茨是美国经济学家，学界认为，是他构建了人力资本理论。他提出了人力资本的新观点，物质资本和人力资本都是资本的表现形式。人力资本是人们通过投资形成的，并表现为投资者的知识、技能和体力。这里的"投资"，可以是健康与保险服务、在职培训、各级正规学校接受的教育、非公司的成人教育及个人和家庭适应于转换工作机会的迁移支出。然而，舒尔茨只针对教育促进经济增长的作用进行了详细分析，而没有指出其他层面带来的影响。

加里·贝克尔在此基础上进行了更详尽的补充，出版了《人力资本：特别是关于教育的理论与经验分析》一书，书中具体地说明了人力资本的概念，并提出了投资的更多方面，比如教育、保健、劳动力国内流动或移民的出入境支出等。同时，贝克尔提出所有人的资源的增加都应归属于人力资本投资，影响其未来以货币形式为也应当视为人力资本投资。

雅各布·明塞尔又在此基础上进行着人力资本的研究，对于现有研究成果又提出了新的看法和补充，他提出了明瑟方程（人力资本挣得函数），让人力资本的研究进入了新的阶段，开创了新的方向。与此同时，他也提出了教育信号模型，将前人认同的教育培训对于劳动力价值提升所做出的贡献以模型来展现，表达了劳动力市场上，资方对学历的要求和偏向，同时也反映出人力资本投资在劳动力市场上的信号机制。

对于人力资本的研究，我国学者也同样有着深刻见解。我国著名经济学家曾湘泉著有《劳动经济学》一书，提出了人力资本的计算方法，他通过两种方法——净现值法和内部收益率法来对人力资本进行量化，从而可以具体地计算出对于人力的投资是否具有收益，来使投资者更好地做出决策。南开大学的李建民教授曾提出群体人力资本，他认为在一个国家和地区人口群体的每一个人都有着人力资本，人力资本中凝聚着每个人通过自身努力学习得到的具有经济价值的技术、能力等。

3.2.3　基于效率工资理论对劳动力成本的研究

效率工资（efficiency-wage）理论的主要观点是员工的生产力与其所获得的报酬（主要是指薪资报酬但亦能轻易地推广到非金钱报酬）呈正向关系。这也为前文中有学者的研究发现，随着劳动力价格的上涨，劳动生产率会增长，从单位成本方面考量，则起到了降低成本的作用，对企业的发展反而产生了正向的影响。亚当·斯密的著作《国富论》中曾提到，给予工人更好的保障，提升工人工资，保护工人的正当权益，会对工人产生正向激励，使劳动生产率提升。也有学者得出了相似结论，企业可以通过为劳动者提供更高水平的工资来激励员工的生产活动，此举可以提升劳动生产率（Alfred Marshall，1927[66]）。高工资提升劳动生产率，还在于可以吸引选拔高素质的人才（Krueger & Summers，1988[67]）。如果降低工人工资，在短期内看，可以为企业节约人力成本，但是长期看来，会造成人才的流失，以及影响员工对企业的忠诚度（Robert M. Solow，1998[68]）。在开始时，劳动力市场条件的特点是劳动适龄人口在规模过大的工农业部门中的低效企业中充分就业。在进入市场经济的过程中，许多研究人员预见到了前所未有的工人重新配置。必须通过重新分配工人来促进服务业的扩大和制造业和农业的缩小。此外，企业的缩编、退出和进入还必须通过进一步的工人重新分配来满足各部门的需要。可见，制造业的劳动力成本设置是受制于多方面的。

"索洛经济增长模型"表示，在企业利润最大化或成本最小化的时刻，工资与劳动生产率之间存在正相关的关系。后来的学者对效率工资的作用机理进行了更深入的研究，夏皮罗和斯蒂格利茨提出的"怠工模型"主要认为劳动力有在工作时怠工的倾向，而怠工会导致工人失业，因此，劳动力需要在怠工与勤奋工作之间取得平衡，影响平衡点的是工人的工资，如果劳动力工资高于市场平均水平，则怠工的机会成本较大，劳动力就会倾向于努力工作。

在怠工模型的基础上，索洛普提出了"劳动力转换模型"，斯蒂格利茨也认可了这一模型。劳动力转换模型是对怠工模型在劳动力转换方面的补充，更加强调企业会在劳动力进行工作转换时蒙受损失，主要发生于对于离职者岗位的再次补充，会产生招聘和培训成本。然而，如果企业可以支付更高价值的工资，高于劳动力的其他工作机会所提供的薪酬时，劳动力的流动性将下降，招聘和培训成本会降低，甚至从而形成良好的口碑，能够吸引更多忠实的员工加入。

效率工资理论的另一条作用机理被认为是，效率工资具有"礼物互换"的激励作用，说明劳动力市场的工资不仅仅是劳动力的市场价格，也是目前劳动力成本上涨的原因之一。具体来说，是劳资双方对彼此的肯定，企业为员工付高出其市场价格的工资、精神上的关怀以及成就自身人生价值的机会，怀有感恩之心的工人则将超过标准工时或标准生产能力的额外工作，当作礼物送给企业。这也是提升劳动力生产效率的良策。

乔治·阿克劳夫在1970年提出的逆向选择模型也为效率工资理论提出了新的解释，逆向选择模型的基础在于信息不对称，说明了如果市场信息是不充分的，那么市场的有效性就应当受到质疑，可能形成劣币驱逐良币的局面（Akerlof，1970[69]）。应用于劳动力市场中，在信息不充分的情况下，有丰富的求职应聘工作经历的工人更加容易获得新的就业岗位，并且会获得更高的劳动力报酬（Gibbons & Katz，1991[70]）。

3.3　本　章　小　结

　　为了解决劳动力成本上涨与制造业转型升级的关系问题，本章提出了理论研究方法，针对劳动力成长上涨和制造业转型升级分别从不同的理论角度进行了分析，多方向运用理论论证了劳动力成长上涨如何对制造业转型升级产生影响，以及两者之间互相的影响。通过分工理论、产业竞争优势理论研究了制造业转型升级的影响因素以及产生影响的理论机制，通过劳动力市场理论、人力资本理论、效率工资理论论证了劳动力成本上涨的动因及产生的影响，通过研读理论研究成果，对建立实证模型进行指导，为后面的相关研究奠定了理论基础。

第 4 章

制造业转型升级分析框架

——分类型、行业和区域评价与差异性分析

党的十九大以来，中国的经济局面出现了新契机和新面貌，尤其是加快新旧动能转化、去库存去杠杆等一系列刺激城市和经济进一步发展，释放劳动力资源，使我国制造业能够实现腾笼换鸟、凤凰涅槃的预期。从 1978 年至今，中国东部、中部、西部地区的经济差异经历了从小至大又慢慢减少的变化，产业结构也慢慢地从第一产业逐渐向第二、第三产业进行转变。地区之间发展的差异性是第二产业在空间和时间上更倾向于先在东部地区发展，同时也更容易向集约化、高附加值的知识驱动型工业转变。随着经济发展的量化逐渐接近发展的天花板，我国的经济正在由量化向质化进行转变，更加注重发展的质量和地区的均衡性。通过用传统的"全要素生产率（TFP）"和包含劳动力资源投入要素生产率指标，结合其他竞争力指标，综合评价我国东中西部各省份的制造业粗放式劳动力管理方式向科学化、集约型的劳动力管理方式，由低智能低附加的生产模式向自动化的人工智能的生产模式，由传统的以廉价劳动力为导向到以知识和创新为主体的制造业转型升级程度，并对集约型制造业企业和高端制造业的 TFP 与包含劳动力资源投入要素生产率值的差异进行分析，进而得出将劳动力资源纳入的效率变动结果。

4.1 分类型、行业和区域对我国 制造业转型进行分析

虽然我国现阶段第三产业的发展水平已经超过了第二产业，但是作为我国目前社会经济发展的重要支柱，仍然是以制造业为主的工业企业，对我国的就业、税收和增强科技实力起着举足轻重的作用。根据我国的行业类型分类我们可将工业大致分为制造业、水电煤气供应以及采矿业等较大的行业，在这之中，制造业创造出来的岗位和经济收入占整个工业大类的九成以上，以制造业规模以上的企业主营业务收入在100万（亿元）人民币、创造的岗位数量在8000万以上，是我国产业结构和经济领域中的中流砥柱。

4.1.1 制造业的行业类型和收入规模

在我国的工业体系中，掌控国民经济命脉的电信运营行业、矿产采集行业和水电煤气供应行业的股份组成都是以国有资本控股，如图4.1所示，这些行业具有相对的垄断性，平均的行业利润率也高于全国制造业的行业平均水平，但是这类国有控股企业的工业主营业务利润率和劳动力资源的使用效率相对于所调研的私营企业和外资企业高达六成的盈利水平和劳动力资源的使用效率，显得略微有些不足。

工业企业中主营业务收入和劳动力资源配置占比最大的是装备制造业，是我国制造业转型升级最为关键的基础。如图4.2所示，装备制造业的主营业务收入和劳动力资源的配置占据了外资企业和港澳台投资企业的很大一部分，相对而言，国有企业的制造业的主营业务收入则主要来自金属制品制造业、铁路航空航天等运输设备制造业、化学化工领域内；私营企业的盈利和劳动力配置行业则以金属制品制造业和消费型商品制造业为主。整体而言，国有资本在制造业企业中所

占比例越大，企业所产生的劳动力资源的配置费用就越高，私营企业中的人均盈利水平和劳动力配置的费用则在所有企业中所占比例较小。

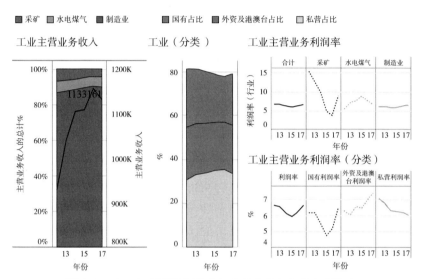

图 4.1　2019 年我国的制造业行业营业收入和业务利润率

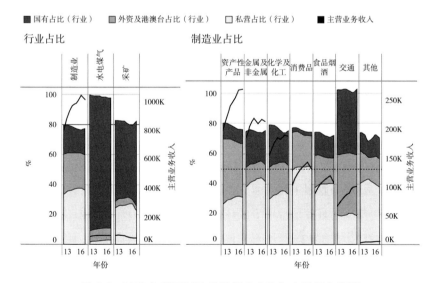

图 4.2　2019 年我国制造业的行业占比和主要行业类型

从整体的制造业收入规模来看，私营企业和外资企业的收入占所有制造业总收入的一半以上，和公众生产生活密切相关的水电通信行业和金属制品制造业内，国有资本所占行业整体营业收入的九成和五成以上。

装备制造业、通用设备制造业、金属制品制造业、专用设备制造业、运输设备制造业、仪器仪表制造业等行业细分，是我国制造业发展和创新的重点方向（吴进红和蒋兰陵，2010[71]；毛瑞芬，2008[72]）。其中我国装备制造业主营业务收入已经达到380581.5亿元人民币，是我国产业升级和科技创新提供保障的重要环节之一。受新冠疫情的冲击，我国2020年的装备制造业总体呈现增势放缓的情况，金属制品制造业的主营业务收入较前几年呈现出波动式下降的趋势，汽车制造业在后疫情下的收入呈现出整体滑坡式下降，铁路、船舶、航空航天和其他运输设备制造业受疫情的影响也比较大，2020年半年度的数据显示其营业收入同比降幅超过10%。但是运输设备制造业创造的收入在国有资本控制的企业和外资企业的收入所占比例都比较高且还有上升的趋势。资产性商品制造业领域业务收入占私营企业制造业业务收入的比例超过了50%，其中金属及非金属加工领域业务收入占比逐渐下降、资产性商品制造业领域业务收入占比在逐渐上升。

4.1.2　制造业的劳动力资源使用情况

根据国家统计局和各地所披露的信息来看，2019年规模以上工业企业创造的岗位数量在9000万人左右，其中制造业岗位数量占比超过了90%，私营企业用工超过了35%，外资及港澳台企业岗位数量占比在25%左右，国有控股企业岗位数量占比不足20%，如图4.3所示，外资企业在劳动力资源使用规模和配置费用方面呈现出逐年下滑的趋势，相比之下，私营企业在劳动力资源的规模和利用率方面有较为可观的改进。国有控股企业的人均业务收入和人均利润水平较高，私营企业人均业务收入及人均利润水平较低。

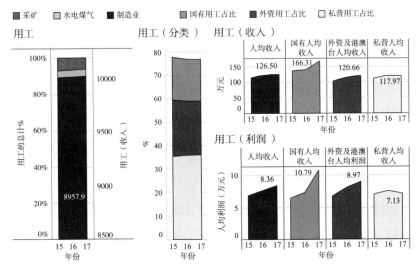

图 4.3　2019 年我国制造业的劳动力使用情况和产生的效益

资产性商品制造业岗位数量占制造业用工的比例超过了 30%，且呈现不断增长的趋势。消费品制造业岗位数量占制造业用工的比例也超过了 20%。如图 4.4 所示，在国有控股企业中，金属及非金属加工、资产性商品、交通工具制造业就业人口占比都超过了 20%，是用工规

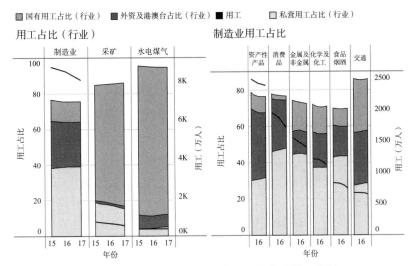

图 4.4　2019 年我国制造业岗位数量占比情况分析

模较大的领域。在外商及港澳台投资企业中，资产性商品制造业用工比例超过了40%，是岗位数量占比最高的领域；消费品制造业岗位数量占比超过了20%，是用工规模较大的领域。消费品、资产性商品、金属及非金属加工领域岗位数量占私营制造业用工的比例超过了70%，是私营企业用工规模较大的领域。

在我国劳动力资源分配方面，规模以上的制造业企业中，私营企业所能够有效利用的劳动力资源比例最大占我国制造业总劳动力资源规模的40%，其次是外资企业和国有控股企业。由于我国所有制体制的特殊性，在与国民经济命脉关系比较密切的水电燃气以及电子通信领域，国资企业的劳动力资源配置率相对占比较高。资产性商品制造业用工规模超过了2000万，是制造业岗位数量占比最高的领域。在制造业中，国有控股企业在交通工具制造业领域岗位数量占比较高，外商及港澳台企业在资产性商品、消费品、交通工具制造业领域岗位数量占比较高。

从制造业行业利润率和劳动力需求方面看，烟草行业、酒饮料茶行业相较而言属于高利润率、低劳动力资源使用率的行业，平均的行业利润率均超过了10%；计算机通信电子行业则与之相反，需要的劳动力资源规模相对较大，但是其所创造出来的利润率却相对较低，类似的如非金属矿产加工业、电气机械和器材制造业相同，三者的劳动力资源的需求规模均超过500万；相较于金属冶炼加工业、石油及有色金属加工业这三个利润率和劳动力需求规模双低的行业来讲，通用设备制造业、汽车制造业和专用设备制造业这类利润率和劳动力使用规模均较为适中的制造业行业类型更适合目前我国劳动力资源和制造业发展的现状。

在国有控股企业中，汽车、石油炼焦、有色金属加工、金属冶炼加工、化学原料化学品等行业主营业务收入规模较高；酒饮料茶、家具、烟草、医药、印刷和记录媒介复制等行业利润率超过了10%，业务收入利润率较高，石油炼焦、有色金属加工、化学原料及化学品、金属冶炼加工等行业业务收入利润率较低。在外资企业和私营企业中，电气机械和器材制造业、化学化工业、农副食品加工制造业、通用设备制造业、金属制品冶炼加工制造业等行业的收入规模较为可观，但私营企业业务利润率普遍较低，利润率没有高于 10% 的行业。

从制造业行业人均收入和历任分布方面看，烟草行业属于收入利润双高的行业类型，与石油炼焦制造业一同超越了其他行业收入和盈利水平，年人均业务收入均已超过 400 万元。其中，烟草行业、石油加工炼焦行业和金属制品加工制造业的业务收入占据国有资本控股企业业务收入的大多数，均超过 300 万元，相比之下消费型和资产性的商品制造业在国资企业的发展后劲不足，收入和利润率均处于较低水平。相对而言，外资企业在化学化工行业、汽车制造业和金属制品加工制造业的布局发展较为出色，行业平均收入均超过 200 万元人民币，发展势头较为良好。私营和民营企业中，石油加工炼焦业、金属制品加工制造业等行业也都保持着较高的收入规模，但是和国资企业相同，外资企业、私营企业在资产性商品、消费品制造业的发展上均出现后劲不足，收入规模不大的现象。这与行业本身的利润率水平与劳动力资源配置费用和效率有着较为密切的关系，需要后期通过需求方和政策方进行恰当的调整和引导。

4.1.3　东中西部制造业产业发展分析

东部地区主要包括广东、海南、福建、浙江、山东等区位在我国东部沿海的十余个省份。东部地区的制造业在 20 世纪末期经济全球化浪潮的进程中，凭借着区位优势和自然禀赋，对于我国的制造业发展起着举足轻重的作用，吸纳了当时由于工业化所产生的大量闲置劳动力人口和发达国家所需要转移的劳动密集型产业，促进了我国经济化和工业化的进程。这时候由于人员综合素质和产品原料的品质较为低下，造成了中国制造业在全球制造业中的口碑处于中下水平。

随着工业品类的不断完善和劳动力职业教育的完善与普及，从 1978 年以来，东部地区的制造业品质也处于不断上升的阶段。但是与此同时提高的还有原材料的成本和劳动力的用人成本，在近几年世界逆全球化和贸易保护主义、单边主义势力的抬头背景下，东部地区的制造业在出口贸易时面临着巨大的阻力，边际效益空间不断压缩。同时，碳排放指标的设立又让东部地区的制造业面临着环境保护和能源再利用的压力，制约了东部地区的经济可持续发展。所以，东部地区的"去工业化"压力显现，制造业由低附加值向高附加值、由劳动资本驱动向知识驱动的转型升级的速度逐渐加快。

西部地区是指在我国西北、西南主要以陕、川、新、宁、藏等区位在我国西部的十余个省份。西部地区在新中国成立初期工业基础和资源禀赋并不突出，所以在初期发展的过程中与东部地区的经济发展拉开了较大的差距，并且差距在逐渐扩大。但是自 1999 年西部大开发战略提出后，翻开了西部地区制造业转型升级的新开局。从 2006 年往后的五年规划里，西部地区的经济得到了根本性的好转，产业结构不断的优化升级，改善了原有的封闭堵塞的贫困的状态。

下阶段，西部地区将在 2030 年前加速地区的制造业改造升级速度，发展区域特色经济，改善贫困地区的自我造血能力，进一步缩小与东部地区经济差距，并在 2050 年之前实现西部地区的现代化发展，实现东中西部协调并进发展。但是由于西部地区发力较晚，造成了部分的劳动力资源的流失，所以在未来发展过程中人才的引进和政策的进一步扶持对制造业如何发展将会起到相应的推动作用。

中部地区主要包括河南、湖南、湖北、安徽、江西等区位在我国内陆腹地的 6 个省份，是连接东部和西部地区的关键。中华人民共和国成立初期，中部地区的制造业发展相对比较落后，第一产业的比重较高，粗放型的经济增长造成了自然资源的利用低下，第二产业和第三产业在中部地区发展的后劲不足。由于自然资源和区位条件的限制，中部地区一直是我国传统的粮食种植区以及能源材料储备区，使得中部地区的产业结构一度附加值处于低水平徘徊，制约了中部地区制造业的发展和转型升级。

随着西部大开发战略的提出，西部地区的制造业发展水平逐渐开始提升，造成了东西部地区经济快速发展，中部地区发展相对缓慢的情形。为了进一步解放中部地区的劳动力资源，促进东中西部协调发展，2013 年习近平主席提出了共同建设"丝绸之路经济带"的构想。通过陆上丝绸之路直接联通了我国的中西部地区和欧洲的经济沟通，为中部地区制造业的发展注入了新的动力。

4.2　东中西部制造业劳动力资源配置测度与分析

4.2.1　模型构建

本书采取了 DEA 模型中的 Malmquist 指数模型对所调研数据进行计算归纳，采取数据包络分析的优点是能够较好地将多个相关指标进行对比分析，再通过 DEAP2.1 模型软件对相关的面板数据进行处理，与生产的前沿数据进行比较，进而得出我国劳动力资源的配置与制造业转型升级的动态变化规律，最早在 DEA 框架中引入 Malmquist 指数的工作是由罗尔夫·费尔（Rolf Färe，1994）所完成的，其应用 DEA - Malmquist 模型估计了工业化国家的生产力增长、技术进步和效率变化。后来通过发展，该表达式被改进为：

$$
\begin{cases}
\min\left[\theta - \varepsilon\left(\sum_{i=1}^{m} si^{-} + \sum_{r=1}^{n} sr^{+}\right)\right] \\
\sum_{j=1}^{I} x_{ij}\lambda_j + si^{-} = \theta x_{ik} \\
\sum_{j=1}^{L} y_{rj}\lambda_j - sr^{+} = y_{rk} \\
\sum_{j=1}^{I} \lambda_j = 1 \\
\lambda_j,\ si^{-},\ sr^{+} \geqslant 0,\ j = 1,\ 2,\ \cdots,\ n
\end{cases}
\tag{4.1}
$$

其中，假设 BCC 模型由许多决策单元组成，其中，x_{ij} 为其中一个决策单元 j 的第 i 个投入量，$x_{ij} \geqslant 0$；y_{rj} 为当中一个决策单元 j 的第 r 个输出量，$y_{rj} \geqslant 0$，θ 是目标规划 λ_j 值，是规划的决策变量，ε 为非阿基米德无穷小，s_i^-、s_r^+ 为松弛变量向量（彭源，2015[73]）。若 $\theta = 1$，$s^- = 0$，$s^+ = 0$，则决策单元 DEA 有效；若 $\theta < 1$，决策单元为 DEA 无效；若 $\theta = 1$，且 $s^- \neq 0$ 或 $s^+ \neq 0$，决策单元为弱 DEA 有效（贾婷月，2017[74]）。

在 Malmquist 指数模型中，采用距离函数计算科技资源投入与产出效率，距离函数可视为决策单元从相关生产点向理想最小投入点压缩的比值（易小丽和陈伟雄，2018[75]），所以该测绘值常常被用于衡量生产率变动情况，表达式为：

$$M(x^{t+1},\ y^{t+1},\ x^t,\ y^t) = \left[\frac{D^t(x^{t+1},\ y^{t+1})}{D^t(x^t,\ y^t)} \times \frac{D^{t+1}(x^{t+1},\ y^{t+1})}{D^{t-1}(x^t,\ y^t)} \right]^{\frac{1}{2}}$$

$$(4.2)$$

$$Effch = \frac{D^t(x^{t+1},\ y^{t+1})}{D^t(x^t,\ y^t)} \qquad (4.3)$$

$$Tech = \left[\frac{D^t(x^{t+1},\ y^{t+1})}{D^{t+1}(x^{t+1},\ y^{t+1})} \times \frac{D^t(x^t,\ y^t)}{D^{t+1}(x^t,\ y^t)} \right]^{\frac{1}{2}} \qquad (4.4)$$

$$Tfpch = Effch \times Tech = (Pech \times Sech) \times Tech \qquad (4.5)$$

在上述表达式中，$(x^t,\ y^t)$ 和 $(x^{t+1},\ y^{t+1})$ 分别为第 t 年和 t + 1 年的投入产出指标，当所求得的 M 指数大于 1 时，代表所测绘指标的 Tfpch 水平上升；当所求得的 M 指数小于 1 时，则所测绘指标的 Tfpch 水平下降（管立杰和赵伟，2020[76]）。

4.2.2 变量设定及数据来源

经过对以往学者的研究结论及数据的真实有效和可获得性角度来讲，本调研主要对以下变量进行控制。

（1）劳动力人口数和劳动力素质。劳动力的数目是全要素生产率的重要影响因素，未来适龄劳动力的规模和素质水平对我国制造业的转型升级的影响会起着非常重要的作用（刘爽，2017[77]）。为了准确测算各地区的高素质劳动力资源的规模，本调研将各年度每个省份普通高等学校预计毕业生数作为测算新形势下全要素生产率的变化趋势。

（2）地区发展水平。各地区的经济发展水平能够直接对各地区制造业转型升级的效率和效果产生明显的影响。技术进步和劳动力的资源的质量越高，能够很好地带动着全要素生产率水平的提高。相对而言，各地区的人均工工资水平能够代表了本地区经济和制造业发展的现有水平和劳动力的综合素质水平，因此使用人均工资水平代表了地区的制造业发展水平和劳动力的素质。

（3）地区的资源禀赋和生产要素完善程度。通过对前人研究的汇总，发现往往被忽视的一个影响全要素生产率的因素是各地区的资源禀赋和该地区的制造业的生产要素完善程度。资源禀赋和制造业生产要素越丰富，代表了该地区全要素生产率越高，在对该地区的制造业转型升级所存在的阻力就越小。这里我们选取了各省份中排名前 10 名的上市公司固定资产净值来对各地区的资源禀赋和生产要素完善程度进行估算。

（4）第一产业制造业的发展潜力。为了较为客观清楚地分析以上投入因素对于第一产业制造业发展的影响和发展潜力，采用所在地区的第一产业的工业生产值作为产出指标，分析上述的生产要素对第一产业的发展起到了什么作用。

（5）第二产业制造业的发展潜力。选取所在地区的第二产业的工业生产值作为产出指标，分析相关的投入指标对第二产业制造业的影响。

（6）第三产业制造业的发展潜力。选取所在地区的第三产业的工业生产值作为产出指标，分析相关的投入指标对第三产业制造业的影响。

制造业转型升级的投入产出指标体系如表4.1所示。

表 4.1 制造业转型升级的投入产出指标体系

准测层	指标层
投入指标	普通高等学校预计毕业生数
	地区平均工资水平
	前 10 名上市公司固定资产净值
产出指标	第一产业的工业生产值
	第二产业的工业生产值
	第三产业的工业生产值

本次调研使用的有关数据是来自第七次全国人口普查结果、国家统计局、中商情报网、中国统计年鉴等相关网站，选取了 2016 ~ 2020 年 30 个省份为分析对象，将相关数据的可获得性、可靠性和连续性作为数据获取的基准，将相关地区的数据进行分析，由于我国港澳台地区的制造业发展历程和规划与这 30 个省份地区有所不同，故并不在本书研究的范围之内。

4.2.3 DEA 模型的就静态分析

通过对全国 30 个省份的投入指标对劳动力资源配置效率的分析，我们可以直观的获取劳动力资源配置对于我国制造业转型升级的综合效率、技术效率和规模效率三个指标。我们从中抽取了 2016 年和 2019 年的配置效率值来进行对比，如表 4.2 所示，分析在老龄化趋势不断加大、国外经济形势不乐观的情况下结合第七次全国人口普查的结果，探讨如何优化我国的劳动力资源以达到加快我国制造业转型升级的目的。

（1）从全国范围来讲，2016 年和 2019 年的综合效率指标均没有达到 DEA 有效。劳动力资源配置的综合技术效率分别为 0.853 和 0.839，指标呈现略微下降的趋势且没能有效地提高劳动力资源利用的效率。从各省份的劳动力资源配置效率来看，不同地区由于其资源禀赋、发

表 4. 2　　30 个省份 2016 年及 2019 年劳动力资源配置效率值

省份	2016 年				2019 年			
	综合效率	技术效率	规模效率	规模收益	综合效率	技术效率	规模效率	规模收益
北京	0.997	1.000	0.997	drs	0.959	1.000	0.959	Drs
天津	0.440	0.463	0.951	irs	0.417	0.465	0.896	Irs
河北	0.926	0.933	0.993	irs	0.841	0.916	0.918	Irs
山西	0.381	0.895	0.426	irs	0.378	1.000	0.378	Irs
内蒙古	1.000	1.000	1.000	——	0.916	0.917	0.999	Drs
辽宁	0.649	0.812	0.800	irs	0.678	0.867	0.782	Irs
吉林	0.596	1.000	0.596	irs	0.552	0.780	0.708	Irs
黑龙江	1.000	1.000	1.000	——	1.000	1.000	1.000	——
上海	1.000	1.000	1.000	——	1.000	1.000	1.000	——
江苏	1.000	1.000	1.000	——	1.000	1.000	1.000	——
浙江	1.000	1.000	1.000	——	1.000	1.000	1.000	——
安徽	0.751	0.752	0.999	irs	0.779	0.788	0.988	Irs
福建	1.000	1.000	1.000	——	1.000	1.000	1.000	——
江西	0.590	0.659	0.895	irs	0.584	0.692	0.845	Irs
山东	1.000	1.000	1.000	——	1.000	1.000	1.000	——
河南	1.000	1.000	1.000	——	1.000	1.000	1.000	——
湖北	1.000	1.000	1.000	——	0.890	0.927	0.960	Irs
湖南	1.000	1.000	1.000	——	1.000	1.000	1.000	——
广东	1.000	1.000	1.000	——	1.000	1.000	1.000	——
广西	0.973	0.987	0.985	drs	0.967	0.984	0.982	Drs
海南	1.000	1.000	1.000	——	1.000	1.000	1.000	——
重庆	0.652	0.663	0.983	irs	0.643	0.650	0.989	irs
四川	1.000	1.000	1.000	——	1.000	1.000	1.000	——
贵州	0.960	1.000	0.960	irs	0.908	0.925	0.982	irs
云南	0.968	0.971	0.997	drs	0.984	1.000	0.984	drs
陕西	0.546	0.557	0.980	irs	0.582	0.607	0.958	irs

续表

省份	2016 年				2019 年			
	综合效率	技术效率	规模效率	规模收益	综合效率	技术效率	规模效率	规模收益
甘肃	0.539	1.000	0.539	irs	0.574	1.000	0.574	irs
青海	1.000	1.000	1.000	—	0.910	1.000	0.910	irs
宁夏	0.614	1.000	0.614	irs	0.603	1.000	0.603	irs
新疆	1.000	1.000	1.000	—	1.000	1.000	1.000	—
全国平均值	0.853	0.923	0.924		0.839	0.917	0.914	

展时间和劳动力基数的不同，劳动力资源的配置效率也各有不同，除却辽宁、安徽、云南、陕西及甘肃的劳动力配置效率对所在地区的制造业转型升级的综合技术效率有所提升外，很多省份在人口红利逐步降低、经济全球化环境恶化、贸易保护主义势力有所抬头的情况下都不能很好地对劳动力资源进行有效配置以达到改善本地区的制造业升级进程。

2019 年全国有 12 个省份达到了劳动力资源配置效率的前沿面，相比于 2013 年来讲达到劳动力资源配置效率前沿面的省份少了 3 个。在 2016 年和 2019 年的两组研究数据中，均达到劳动力资源配置的综合技术效率 DEA 有效的省份为黑龙江、上海、江苏、浙江、福建、山东、河南、湖南、广东、海南、四川以及新疆，占所调研省份的 38.7%，代表了这部分省份在它们所在地区的制造业升级转型中的劳动力资源实现了最优的配置，符合所在地区的现状和第一、第二、第三产业规模的发展，使所涉及劳动力资源的投入产出指标在不同的配置方案中产生了最佳的效果。

（2）劳动力资源配置对我国制造业转型升级的技术效率在国际经济大环境的不断恶化和老龄化现象逐步显现的情况下呈现出略微下降的趋势。2016 年和 2019 年的纯技术效率值分别为 0.923 和 0.917，2019 年的全国纯技术效率数值距离劳动力资源配置效率的前沿面还有

0.083 的差距，代表了在我国制造业升级转型的过程中劳动力资源的配置和利用效率还有较大的提升空间。

相比于 2016 年，2019 年的劳动力配置的纯技术效率和规模效益在逐渐减少，分别减少了 0.006 和 0.010。代表了由于我国的原材料品质和价格的逐步上升和劳动 i 资源配置成本的持续上涨，我国传统依赖于人口红利的粗放型低附加值的制造业生产方式所积累的优势正在不断地被削弱。劳动力的数量、综合素养和经济环境是制约劳动力配置效率对制造业转型升级促进的主要因素。劳动力配置效率的纯技术效率达到 DEA 有效的省份在数量要多于劳动力资源配置的综合技术效率达到生产前沿面上的省份数量。

2016 年和 2019 年达到劳动力配置的纯技术效率 DEA 有效的省份分别有 20 个和 18 个，代表了这些省份在新的技术革命来临之际能够较好地把握住产业发展的最新方向，在劳动力资源的分配和使用管理等方面较为合理，为了实现综合效率达到有效水平，使投入产出能够达到最佳状态，劳动力资源的规模效率是其中的关键。近几年，人才引进战略、招才引智战略的相继实施，各个省份纷纷开启了"抢人模式"来解决用工荒的问题，进一步提高劳动力配置对制造业升级转型的规模效益。其中，天津、江西和陕西的劳动力配置的纯技术效率水平较低，2016 年分别为 0.463、0.659 和 0.557，2019 年分别为 0.465、0.692 和 0.607，虽然较 2016 年有所提升，但是依旧低于全国平均的劳动力资源配置的纯技术效率值，需要更好地利用第四次工业革命中所带来的新的劳动力资源的配置方法和新的科技创新动力以推动本地区的制造业更好更快地进行转型升级。

（3）劳动力综合素质水平和配置的规模效率可以较好地体现出该省份的劳动力素质水平和配置方式是否达到了最优水平，根据表 4.2 所得出的结论来看，劳动力配置的规模效率由 2016 年的 0.924 降低到 2019 年的 0.914，劳动力的规模优势正在不断地减弱。其中 2016 年和 2019 年达到规模效率有效的省份数目分别为 15 个和 12 个，两年中均达到劳动力配置规模效率有效的省份占所研究省份的 38.7%。

山西、辽宁、吉林、甘肃和宁夏的劳动力配置的规模效率在所有调研省份中排名较低，说明这些地区的人才流失、老龄化现象比较严重，在后期的布局谋划中应该更加注重高水平人才的引进以及通过政策导向避免青年劳动力的流失，进一步扩大劳动力资源的规模对本地区制造业产业升级的促进作用，从而达到最佳的规模状态。吉林、重庆、贵州三个省份在劳动力资源配置的规模效益中呈现上升趋势，说明在这几年里这三个省份有较多的劳动力流入，则应该更加注重劳动力的质量和管理方法以提高其技术效率来达到提高综合效率的目的。劳动力资源配置规模效率递减的省份则由于经济环境的恶化和老龄化加重等原因造成了其劳动力规模的下降，产生了较为突出的效率损失现象，阻碍了该地区制造业转型的方向和进程。根据最新的人口普查数据可以看出，中国的适龄劳动力人数在近 10 年内减少了 4000 万，与之相对应的是随着老龄化和少子化状况的不断加剧，预计未来五年的适龄劳动力数目将存在 3500 万的净劳动力资源缺口，这将对我国制造业的升级转型之路带来巨大的阻碍。当人口红利期逐渐消失时，劳动力资源的规模优势将会进一步下降，延迟退休年龄和劳动力资源在各个省份中争夺的趋势将会越来越明显，虽然国家已经放开了二孩、三孩的生育政策，但是在短时间内也无法缓解劳动力规模不断缩小的事实。

（4）按照所研究的省份所在的区位条件来看，在 2019 年综合技术效率指数达到生产前沿面上的省份数量在东、中、西部地区分别为 8个、2 个和 2 个。代表了东部地区在制造业的升级转型和劳动力的吸引力是远高于中部和西部地区。第七次人口普查的数据显示，东部地区的人口数量约占全国总人口数的 40%，由于转型时间比较早、经济相对发达以及区位等优势，东部地区能够较好地将劳动力资源较好地与本地区的制造业转型升级的规划相结合起来，起到了相互促进的作用。中部地区和西部地区的综合效率指标达到 DEA 有效的省份数量分别由2016 年的 3 个、4 个转变为 2 个。综合第七次人口普查的结果来看，中部地区的人口数量是呈现下降趋势，西部地区的人口数量基本保持不变，加之老龄化和少子化的程度加深，中部和西部在吸引劳动力方面需要探索的路还有很长。

随着西部大开发战略和共建"一带一路"倡议的持续落实和深入，大部分位于中部地区和西部地区的省份的纯技术效率都呈现上升的趋势，这在一定程度上抵消了劳动力资源在规模效率上所带来的损失。制造业企业的劳动力资源的配置成本上涨将会激发出资本逐利的本性，令一些低端粗放型的制造业自发地转移至较为欠发展地区，在一定程度上为我国的东部沿海地区实现"腾笼换鸟"，实现制造业进一步转型升级提供了契机，也为我国中西部的经济发展和产业的更替创造了机会。在我国的劳动力成本的不断上涨和原材料的品质价格双提升的背景下，中国的综合制造业成本也在逐步增加，根据资本固有的逐利的特性，制造业会无限的追求最低成本，从而产生低端粗犷型的制造业自然而然地向着更低制造成本的国家和地区转移。同样地，作为生产要素的劳动力资源，也会向着回报率更高的产业转移，这便无形中提高了劳动力的使用成本，加之社会保障体系的不断完善，也在不断地推动着劳动力价格的不断上涨。

4.2.4　Malmquist 指数的动态分析

Malmquist 指数可以动态地反映出全国各省份动力资源配置效率对于我国制造业转型升级影响的变化趋势，通过对 2016~2019 年中国 30 个省份的劳动力资源配置状况的相关数据进行分析，进而观察各省份的全要素生产率的动态变化及差异性分析。

通过表 4.3 的计算结果可知，2016~2017 年我国的劳动力资源配置效率指数均值为 1.035，整体的效率变动在向着稳步上升的趋势发展，并且在所调研的期间内每年的全要素生产率的数值均大于 1，说明在总体上我国的劳动力资源的配置效率对于我国的制造业转型升级来讲是起促进作用的。将全要素生产率分解成四个小方面来看，技术进步均值上升了 4%，说明我国近几年在劳动力资源的综合素质、配置方法和管理水平对综合效率的提升起着主要的方面。但是技术效率、纯技术效率和规模效率的平均指数值均小于1，表明了我国在劳动力的数量、增长趋势以及在三个产业中能够有效配置的效率还仍有较大的提升空间。

表 4.3   2016~2019 年劳动力资源配置的 Malmquist 指数及其分解

年份	技术效率	技术进步	纯技术效率	规模效率	全要素生产率
2016~2017	0.990	1.027	0.993	0.997	1.016
2017~2018	0.905	1.132	0.971	0.932	1.025
2018~2019	1.099	0.968	1.034	1.063	1.064
均值	0.995	1.040	0.999	0.996	1.035

从各个分年度来看，2016~2017 年期间的技术进步指标为 1.027，技术效率、纯技术效率和规模效率值均小于1，表明了在这一年时间内我国深化实施创新驱动发展战略，使得科技进步和互联网经济的迅速发展，使得技术进步成为对于劳动力配置的全要素生产率的贡献值提升的主要因素，但是在劳动力的规模和其综合素质是否能够很好地与我国劳动力制造业的转型升级相匹配方面，制造业劳动力人口在全国总的劳动力人口中的比例却在趋于平稳且有下降的趋势，对劳动力配置有效的全要素生产率有抑制作用。这种情况在 2018~2019 年期间有所好转，随着国际的经济形势开始恶化，中美贸易摩擦不断升级，我国的技术进步值有所下降，但在我国积极推动城乡区域协调发展和乡村振兴战略等一系列强有效的措施，使得劳动力资源能够快速有效地在所在区域进行有效的配置，在这期间技术效率、纯技术效率和规模效率均对全要素生产率的增长起到积极作用。

通过各省份的效率变化可以发现，如表 4.4 所示，2016~2019 年除山东、河南、湖北、湖南、四川 5 个省份的劳动力资源配置效率的全要素生产率效益以外，其余 25 个省份的劳动力资源的配置效率都可以有效地促进本地区制造业的转型升级，绝大多数省份的全要素生产率都大于 1，说明了这些地区的劳动力配置水平和效率处在较好的状态。从全要素增长率的分解因素分析，河北、内蒙古和吉林 3 个省份的全要素增长率的增长主要来源于该地区的技术进步的提高，辽宁、安徽、云南、陕西和甘肃在 2016～2017 年的技术效率和技术进步指标是在稳步增长的，说明这 5 个省份的技术效率和技术进步两者共同作用于促进劳动力资源更有利于促进我国制造业转型升级的方向发展。其中，湖北在 2016～2019 年的增长动因值均小于 1，说明湖北近几年劳动力资源的外流变迁现象较为严重。作为传统的农业大省，湖北的经济格局较为特殊，省会武汉的经济在省内一家独大，东部的第二、第三产业发展劲头强势，但是西部和南部的经济实力比较弱，产业还是以农业和劳动密集型产业为主，使得湖北的劳动力资源相对过剩，大量的劳动力人口从湖北涌入了东部发达经济省份，使得湖北地区的技术进步、技术效率和劳动力资源的规模效率对制造业的转型升级过程极为不利，第二产业发展缓慢，制造业的发展格局慢慢由原来的"一二三产业结构"转变为"三一二产业结构"，强省会城市的发展战略所存在的弊端也正在慢慢显现。

表 4.4　各省份（地区）劳动力资源配置 Malmquist 指数及其分解

省份（地区）	技术效率	技术进步	纯技术效率	规模效率	全要素生产率
北京	0.987	1.090	1.000	0.987	1.076
天津	0.982	1.088	1.003	0.978	1.068
河北	0.968	1.034	0.998	0.970	1.001
山西	0.997	1.091	1.003	0.994	1.088
内蒙古	0.971	1.074	0.991	0.980	1.044
辽宁	1.015	1.024	1.004	1.010	1.039
吉林	0.975	1.048	0.993	0.982	1.022
黑龙江	1.000	1.006	1.000	1.000	1.006
上海	1.000	1.087	1.000	1.000	1.087
江苏	1.000	1.015	1.000	1.000	1.015

省份（地区）	技术效率	技术进步	纯技术效率	规模效率	全要素生产率
浙江	1.000	1.080	1.000	1.000	1.080
安徽	1.012	1.010	1.006	1.006	1.022
福建	1.000	1.105	1.000	1.000	1.105
江西	0.997	1.009	1.005	0.992	1.005
山东	1.000	0.969	1.000	1.000	0.969
河南	1.000	0.960	1.000	1.000	0.960
湖北	0.962	0.959	0.984	0.977	0.923
湖南	1.000	0.955	1.000	1.000	0.955
广东	1.000	1.038	1.000	1.000	1.038
广西	0.998	1.027	0.998	1.000	1.025
海南	1.000	1.061	1.000	1.000	1.061
重庆	0.996	1.089	0.991	1.005	1.084
四川	1.000	0.967	1.000	1.000	0.967
贵州	0.982	1.054	0.978	1.003	1.035
云南	1.005	1.062	1.006	0.999	1.068
陕西	1.021	1.017	1.009	1.012	1.038
甘肃	1.021	1.088	1.000	1.021	1.111
青海	0.969	1.066	1.000	0.969	1.033
宁夏	0.994	1.097	1.000	0.994	1.090
新疆	1.000	1.061	1.000	1.000	1.061
东部	0.994	1.050	1.000	0.994	1.044
中部	0.995	0.997	1.000	0.995	0.992
西部	0.996	1.055	0.998	0.998	1.051
全国平均值	0.995	1.040	0.999	0.996	1.035

从 2016～2019 年的劳动力资源配置的区域效率进行比较可以得知，东部、中部和西部地区的全要素生产率的指标均值分别是 1.044、0.992 和 1.051，整体的劳动力资源配置有效性程度为：西部地区 > 东

部地区＞中部地区，虽然在不同年份中劳动力资源配置的有效性都存在着一定程度上的波动，但是总体的发展趋势是有利于我国制造业加速升级转型的。东部地区和西部地区分别凭借着区位优势和西部大开发战略的有效实施，劳动力资源的配置效率的有效性保持较高速度的增加，技术进步在其中发挥着较大的作用。三个地区的劳动力配置的技术效率和规模效率均未达到有效促进制造业转型的最佳值，说明我国整体的劳动力资源的管理水平和数量呈现出下降的趋势，应该根据各地区自身的情况对本地区的制造业转型升级的路径进行优化，加快高水平人才的引进和优化劳动力资源对于城市的融入度，提高本地区劳动力资源的综合职业素质以提高劳动力资源配置的规模效率和技术效率。

4.2.5　用 OP 法对各省份制造业上市公司 TFP 现状及分析

根据国资委机械工业经济管理研究院发布的 2020 年中国制造业上市公司 500 强的名单加之各省份根据自己的资源禀赋和战略重点所发展的制造业方向不同，我们整理了各省份制造业上市公司的价值创造能力和重点发展的制造业类型来对我国东中西部制造业产业转型升级进行综合分析。对比 2015～2019 年我国各省份重点发展的 5 家上市公司的全要素生产率均值，分析我国不同区位条件下制造业的发展规模和效率是否有新的变化趋势。在过去的几年里，我国的制造业企业的发展中心逐渐向产业的中下游发展，由传统的工业类制造往消费类制造进行转型。随着我国市场的进一步对外开放，以往凭借我国广阔的市场资源进行大规模粗放式的扩张时代已经不复存在，只有淘汰掉低端粗放式低价值的制造业，才能完成由 "做大" 到 "做强" 的转变。

由表 4.5 可知，我国制造业上市公司创造的价值和利润水平较在区位水平上排名为：东部地区＞中部地区＞西部地区。其中，东部地区较为突出重点发展的制造业类型为科技含量较高、利润率水平较为可观的计算机通信、医药以及汽车制造业，所上榜的制造业上市公司数目占比 72.6%，无论是制造业上市公司的数目和所创造的价值水平均远超中部和西部地区。相比于东部地区而言，中部地区发展的重点则在于酒品类、计算机通信以及医药制造业方向，可以明显看出中部地区的制造业的发展重点正在向东部地区靠拢，此类制造业类型的特点在于具有一定的技术壁垒但是技术的密集度仍然处于较低水平。但是较为乐观的一点是，随着世界经济大环境的持续恶化及政策环境向着国内经济大循环为主，国外经济循环为辅助的背景下，东部许多省份的制造业正在向着中部和西部转移，中高技术密集型的制造业正在中部和西部慢慢崛起。

表 4.5　2020 年制造业上市公司 500 强各省份（地区）情况分析

省份（地区）	价值创造	上榜公司数	制造业类型 1	制造业类型 2	制造业类型 3
北京	84.524	34	计算机、通信和其他电子设备制造业	医药制造业	铁路、船舶、航空航天和其他运输设备制造业
天津	82.285	6	医药制造业	计算机、通信和其他电子设备制造业	电气机械和器材制造业
河北	77.968	12	医药制造业	汽车制造业	非金属矿物制品业
山西	75.813	3	酒、饮料和精制茶制造业	黑色金属冶炼和压延加工业	石油加工、炼焦和核燃料加工业
内蒙古	75.835	8	有色金属冶炼和压延加工业	化学原料及化学制品制造业	食品制造业
辽宁	75.368	6	农副食品加工业	化学原料及化学制品制造业	黑色金属冶炼和压延加工业
吉林	76.872	9	医药制造业	汽车制造业	计算机、通信和其他电子设备制造业
黑龙江	74.500	2	铁路、船舶、航空航天和其他运输设备制造业	医药制造业	——
上海	83.429	31	电气机械和器材制造业	汽车制造业	医药制造业

省份（地区）	价值创造	上榜公司数	制造业类型1	制造业类型2	制造业类型3
江苏	78.785	39	计算机、通信和其他电子设备制造业	医药制造业	专用设备制造业
浙江	79.606	72	化学原料及化学制品制造业	医药制造业	汽车制造业
安徽	74.650	19	酒、饮料和精制茶制造业	非金属矿物制品业	有色金属冶炼和压延加工业
福建	78.103	16	计算机、通信和其他电子设备制造业	电气机械和器材制造业	化学原料及化学制品制造业
江西	75.695	8	黑色金属冶炼和压延加工业	医药制造业	有色金属冶炼和压延加工业
山东	78.813	41	化学原料及化学制品制造业	计算机、通信和其他电子设备制造业	电气机械和器材制造业
河南	78.150	15	农副食品加工业	医药制造业	有色金属冶炼和压延加工业
湖北	79.054	21	计算机、通信和其他电子设备制造业	化学原料及化学制品制造业	医药制造业
湖南	78.495	8	专用设备制造业	计算机、通信和其他电子设备制造业	黑色金属冶炼和压延加工业
广东	78.557	95	计算机、通信和其他电子设备制造业	电气机械和器材制造业	医药制造业
广西	75.400	5	医药制造业	化学原料及化学制品制造业	专用设备制造业
重庆	75.063	6	铁路、船舶、航空航天和其他运输设备制造业	医药制造业	化学原料及化学制品制造业
四川	79.364	14	酒、饮料和精制茶制造业	医药制造业	农副食品加工业
贵州	76.877	3	计算机、通信和其他电子设备制造业	酒、饮料和精制茶制造业	—

续表

省份 (地区)	价值 创造	上榜 公司数	制造业类型 1	制造业类型 2	制造业类型 3
云南	74.413	6	有色金属冶炼和压延加工业	医药制造业	橡胶和塑料制品业
陕西	78.426	5	铁路、船舶、航空航天和其他运输设备制造业	电气机械和器材制造业	非金属矿物制品业
甘肃	74.963	4	非金属矿物制品业	计算机、通信和其他电子设备制造业	—
西藏	76.460	4	医药制造业	化学原料及化学制品制造业	食品制造业
宁夏	75.650	2	化学原料及化学制品制造业	非金属矿物制品业	—
新疆	78.035	6	非金属矿物制品业	通用设备制造业	电气机械和器材制造业
东部	79.068	363	计算机、通信和其他电子设备制造业	医药制造业	汽车制造业
中部	76.976	74	酒、饮料和精制茶制造业	计算机、通信和其他电子设备制造业	医药制造业
西部	76.408	63	有色金属冶炼和压延加工业	铁路、船舶、航空航天和其他运输设备制造业	非金属矿物制品业

　　作为制造业转型升级和提高劳动力资源配置和使用效率的先行示范部分，制造业上市公司的转型和革新是创造价值，提高劳动力资源使用效率的关键，根据证监会将制造业上市公司划分的 29 个细分行业种类中，数量最多也是创造的价值水平最高的制造业上市公司的行业类型为计算机通信和其他电子设备制造业，其次价值创造能力较强的制造业上市公司行业类型为医药制造业、电气机械以及汽车制造业。正在向着集约化、劳动密集型和高附加值的方向进行转型。

　　通过对各省份制造业上市公司创造价值的排名中选取前五位研究

其在本地区 2015～2016 年的全要素生产率可以对其五年内该省份的制造业上市公司发展的经济发展质量和竞争力水平。如表 4.6 所示，我国各省份的前五位制造业上市公司的全要素生产率水平呈现出不同的差异，在五年内各地区均呈现出稳步上涨的趋势，但是全国平均的制造业上市公司的全要素生产率水平不高，受政策和科技创新推动以及近几年我国的发展目标由做大向做强转变的影响，结合表 4.5 中的行业数据可以发现，我国的全要素生产率在非高新技术制造业上市公司的竞争优势并不强，整体呈现稳定的趋势；而在劳动密集型和高精端的计算机通信、医疗、汽车制造和专用设备制造行业的制造业上市公司的全要素生产率普遍较高。

表 4.6　　　　**2016～2019 年度 OP 法测得各省份（地区）top5**
制造业上市公司 TFP 均值

省份（地区）	2015_tfp_op	2016_tfp_op	2017_tfp_op	2018_tfp_op	2019_tfp_op
北京	4.348	4.062	4.148	4.233	4.281
天津	3.818	3.832	3.838	3.906	3.891
河北	3.650	3.715	3.766	3.904	3.947
山西	3.904	3.889	4.137	4.212	4.213
内蒙古	3.606	3.782	4.133	4.173	4.160
辽宁	3.853	4.254	4.509	4.507	4.581
吉林	3.651	3.683	3.706	3.687	3.747
黑龙江	3.353	3.329	3.252	3.356	3.460
上海	4.317	4.357	4.242	4.305	4.328
江苏	3.611	3.689	3.845	3.964	3.881
浙江	3.741	3.728	3.752	3.743	3.694
安徽	3.838	3.925	3.982	4.009	3.911
福建	3.814	3.826	3.855	3.884	3.955
江西	4.235	4.342	4.467	4.514	4.464
山东	4.210	4.305	4.567	4.588	4.536
河南	3.816	3.905	3.942	3.905	3.936

续表

省份（地区）	2015_tfp_op	2016_tfp_op	2017_tfp_op	2018_tfp_op	2019_tfp_op
湖北	3.569	3.895	3.995	3.975	3.907
湖南	3.513	3.611	3.830	3.894	4.007
广东	4.336	4.336	4.365	4.338	4.383
广西	3.904	4.042	4.302	4.383	4.234
海南	3.306	3.577	3.664	3.435	3.522
重庆	3.622	3.560	3.756	3.906	3.930
四川	4.018	4.014	4.102	4.120	4.125
贵州	3.663	3.720	3.732	3.550	3.483
云南	4.524	4.514	4.552	4.493	4.513
陕西	3.570	3.576	3.584	3.618	3.738
甘肃	3.353	3.562	3.981	3.910	3.833
青海	3.917	3.917	3.966	3.965	3.873
宁夏	3.230	3.005	3.065	3.173	2.926
新疆	4.142	4.044	3.909	3.936	3.972
东部	3.515	3.564	3.636	3.657	3.683
中部	3.812	3.928	4.059	4.085	4.073
西部	3.777	3.794	3.917	3.930	3.890
全国平均值	3.814	3.867	3.965	3.986	3.981

通过各省份的前五位制造业的上市公司的全要素生产率来看，中部和西部的省份依靠自身禀赋优势和集聚效应，能够较好地带动本地区经济的发展。东部地区在近几年由于产业发展的侧重点和行业竞争较为激烈，产生了制造业产业的不平衡性和重复性等问题，对于制造业行业的内耗和资源配置不合理。部分省份在经济大环境不理想的情况下"去工业化"现象较为严重，在第四次经济普查结果中可以发现，传统的制造业强势地区如山东、天津、吉林等省份 GDP 的总量都有较为大幅度的下降，而上海、云南、安徽等南方的制造业省份 GDP 总值则有较为明显的上升。可见东部地区发展的不均衡性大都是因为各省

份的侧重发展方式不同而造成的。

以东部地区北方区域的省份来讲，山东、黑龙江、天津、吉林等省份依赖自然资源，以重工业和化工产业类型的制造业发展为主，产业结构重复性较大，往往对周边省份的辐射带动作用不为理想，也常常会进一步蚕食周边城市的各种资源，产生内卷效应。而南部区域相对而言更加注重市场机制去引导制造业产业进行升级，对城市、产业链、劳动力资源配置根据市场进行联动，发挥核心城市在制造业中某细分行业中的资源技术优势和集聚效应，对上市公司、相应高校及科研机构能够有效形成"产学研"的制造业科技创新协同发展的正强化效应，促进本区域内制造业产业的转型升级，值得其他地区进行借鉴学习。

4.3 新人口形势下制造业转型升级的影响

4.3.1 我国主要城市制造业发展历程及趋势

中美贸易摩擦日益剧烈和国际经济形势日益恶化以来，我国的制造业逐渐从原先重视发展体量向着重视发展的可持续性和协调性转变，"十四五"规划纲要发布后，对于我国持续深化调整制造业发展方向，向制造业强国进而达到中国智造，提出了制造业在我国产业结构的比重稳定发展的新目标。根据国家统计局发布的相关指标分析可得，近年来中国制造业的增加值在我国整体制造业增值比重正在逐年减少，虽然这与近年来国际经济形势不断恶化的大环境有一定的关联，但是也反映了我国许多城市在快速城镇化的进程中正在经历着"去工业化"现象。在前一个五年计划期间，武汉、天津等传统的制造业强市的第二产业增加值占比便在不断下降，更有甚者第二产业的增加值所占比重直接下降超过10%。在我国对实体经济尤其是第二产业制造业的大力扶持和全球产业布局急剧变化的背景下，多个省份在所公布的未来的五年规划中均对第二产业制造业的比重做出了较为明确的规划，这也是保障我国综合国力和未来产业升级与科技创新提供了坚实的保障。

这里我们选取了 2015 年和 2020 年两个年度 GDP 超万亿的城市进行对比，如图 4.5 所示，在整体的产业格局变动不大的情况下，出现了一些新的情况：深圳近几年第二产业制造业的发展势头迅猛，成功赶超了上海和天津两个传统的工业强市，夺得魁首。与上海一同成为第二产业增加值超过万亿数值的城市，制造业的迅猛发展成为两个城市经济稳步上升的中坚力量。自 2016 年起，深圳就特别注重实体经济

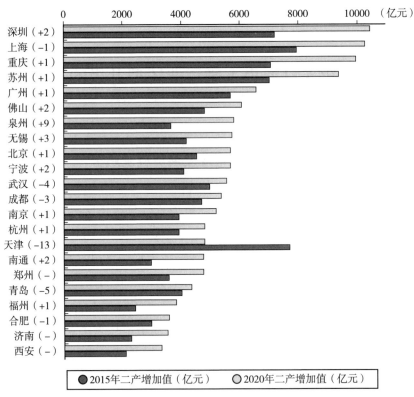

图 4.5　"十三五"期间万亿城市第二产业增加值变化

注：左栏括号内"＋""－"数字为 2020 年与 2015 年相比位次变化。
资料来源：各地统计局。

和制造业的发展，在前一个五年计划中，深圳便创新性的规定了 270 平方公里的第二产业红线，硬性地规定了工业用地面积在 2020 年需要达到深圳总土地面积的三成以上。对于制造业发展的密切关注也体现在 2019 年及 2020 年的两次土地整备行动中：深圳分别在 2019 年和 2020 年连续两年分别整备了 20 平方公里和 15 平方公里的工业用地并引资入市、引产入地，在全球范围内招揽优质的制造业产业项目进行落地生产。市场对于深圳这一系列政策反应极为迅速，2020 年，深圳的制造业投资规模便实现了突破性进步，突破了之前所预期的千亿规模，尤其是技改投资的规模和比重更是一路高歌猛进，相对于 2016 年提升了将近 20 个百分点。

强有力的制造业发展条件和区位优势为深圳在前一个五年计划的高速发展提供了足够的动力支持，但发展制造业的方式方法却并不仅仅局限于借助外部的助力，还可以来自对于制造业未来发展趋势的判断和本身的制造业转型升级所带来的强大动力。与 2015 年的第二产业增加值的位次相比，泉州在 2020 年的排名中提升了 9 个位次，成功地赶超了许多制造业强市，成功进入了我国的万亿 GDP 俱乐部。通过不断对自身制造业的分析比对，泉州很早便通过"来料加工""来件装配""来样加工""补偿贸易"等政策福利发展自身的乡镇企业，通过不断地摸索求证，进而发展形成现在以市场调节和外向型经济为主、通过股份合作的方式发展具有晋江特色的制造业模式和集合民营经济和城乡一体化共同发展的"石狮模式"，正因为泉州能够正确判断自己的资源和区位条件，积极探索制造业转型升级的新路径，大胆尝试创新。相反，作为传统劳动密集型制造业强市的青岛和天津，却在不同程度上在第二产业制造业的转型升级上落了后。在最新的第二产业增加值的排名中，天津和青岛的制造业产值增加量在所有的万亿级 GDP 城市里后退非常显著，分别较 2015 年下降了 13 和 15 个位次。第四次经济普查结果出来后，青岛和天津的 GDP 总量分别"缩水"8.35% 和 25.02%，较为严重地打击了两个城市的制造业发展积极性，使得两个传统的制造业城市都未能走上正确的制造业转型升级的道路上。就青岛而言，2018 年的 GDP 总量被核减了超千亿，第二产业直接缩水了817.27 亿元，已经面临着较为突出的产业空心化问题，实体经济和制造业的发展作为一个城市发展和创新的根基，作为中国北方具有代表性的传统工业强市，青岛在提高第三产业比重的同时也必须兼顾第二产业制造业的发展。新兴产业发展进度缓慢、传统制造业转型升级之路停滞不前，国际经济形势不明朗，成为现阶段制约青岛进一步发展壮大的原因之一。

与此同时，"十四五"规划中所要求的保持制造业比重基本稳定的目标是否能在传统的百亿级 GDP 规模的制造业城市中得以实现，我们选取了第二产业产值占所调研城市的产业总值情况来分析所在地区的工业化水平。

整体而言，如图 4.6 所示，所调研的所有 GDP 超万亿的城市均在10 年内存在第二产业占比下降的问题，合肥和天津两个万亿级城市的第二产业的缩减程度达到了 18% 以上，十年期间第二产业的所占比例降低 10% 以上的城市多达 11 座。在较早开启去工业化的城市中，重庆、杭州、苏州和上海在 2010～2015 年第二产业占比较为快速地下降，而在 2015～2020 年，天津、合肥、武汉及成都又相继开启了去工业化进程。保证第三产业稳定增长的前提下壮大和丰富实体经济的规模和类型，是目前许多万亿级城市所追求的目标。但是盲目地去工业化往往伴随着产业空心化的隐患。当所发展的第三产业与本身经济特点和发展方向不符时，盲目地发展第三产业往往无法弥补失去制造业所带来的损失，当出现无法很好地牵动当地经济发展的时候，就会产生较大的经济风险。所以选择"强工业化"还是"去工业化"，最为关键的要对自身的禀赋和发展方向有着较为明确的定位，选择好产业转型升级的方向。

针对当下的制造业转型目标，许多省份选择了协同发展、共同进步的双赢方案。根据工信部所公示的第一批和第二批先进制造业集群竞赛的有声名单中，我们可以发现 25 座入围的城市主要分布于东部和中部地区，其中不少传统的制造业强市也投身于协同发展的潮流之中，

共同促进地区之间协同发展先进制造业，实现制造业转型升级中的双
赢局面。

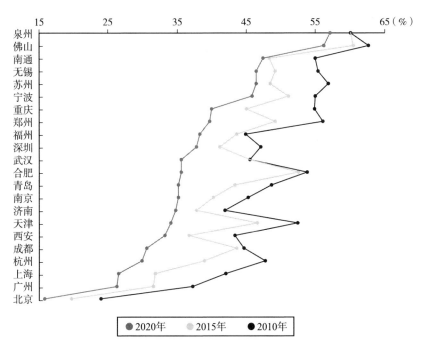

图 4.6 2010～2020 年万亿城市第二产业增长值占 GDP 比重变化

资料来源：各地统计局、Wind（长沙未公布 2020 年数据，不计入统计）。

4.3.2 新人口形势下制造业转型的路径分析

根据第七次人口普查的结果证实：现阶段我国的人口总数达到
141178 万人，相较于第六次人口普查的总人口数据而言净增加了 7206
万人。表明现阶段世界第一人口大国依然是中国，虽然我国近年来老
龄化和少子化问题开始显现且人口数量常年处于低位的增长水平，如
表 4.7 所示，但是相对目前我国的经济发展水平而言，8.8 亿规模的适
龄劳动力资源已然足够。在新冠疫情的影响下，中国仍然保持了作为
世界制造中心的地位不动，并且在抗疫和促进世界经济复苏中起着举

足轻重的作用。如今,中国已经超过美国,成为全球资本最大的目的地。但传统的制造业却正在失去资本和劳动力资源的青睐。中国对传统的制造业的转型升级之路迫在眉睫,在全国范围内劳动力资源普遍缩减,企业用工荒和劳动力资源求职难问题并存的情况下,通过人口红利降低制造业生产成本以实现盈利的时期已经成为历史。

表 4.7 历次人口普查结果汇总

年份	大陆总人口 (亿人)	出生率 (‰)	老龄化率 (%)	平均家庭户 人口(人)	性别比	汉族占比 (%)	城镇化率 (%)
七普(2020 年)	14.11	8.5	13.50	2.62	105.57	91.11	63.89
六普(2010 年)	13.39	11.9	8.90	3.1	105.2	91.51	49.68
五普(2000 年)	12.65	14.03	7.00	3.44	106.74	91.59	36.09
四普(1990 年)	11.33	21.06	5.60	3.96	106.6	91.96	26.23
三普(1982 年)	10.08	22.28	4.90	4.11	106.3	93.30	20.60
二普(1964 年)	6.94	39.34	3.60	4.43	105.46	94.22	18.40
一普(1953 年)	5.82	37	4.40	4.33	107.5	93.94	13.26

根据国家统计局发布的《2020 年农民工监测调查报告》显示,2020 年的中国农民工总量较上一年净减少了 1.8 个百分点,虽然有一部分农民工是由于城镇化从而转变成城市户口,但也可以从这个数字的变化来看出我国劳动力数量的一个变化趋势。其中,有约 1/3 的农民工从事第二产业制造业的工作,相较于 2019 年第二产业制造业而言劳动力规模下降了 0.5%,刚好与 2020 年我国第三产业就业的劳动力资源规模上涨 0.5% 相对应。可见,大量的劳动力资源逐渐从第二产业向着第三产业服务业开始转移。近几年,我国的社会老龄化和少子化现象日益加重,适龄劳动力人口规模也在逐年缩减,我国的制造业必须向着高智能化、高附加的劳动密集型产业所转变。2020 年,有超过 1500 万农民选择外出打工,较上年净缩减近 500 万人。东部传统的制造业大省近年来也失去了往日对于劳动力资源的“虹吸”效应,前来

务工的劳动力资源逐渐进行自我回流，加之近年来劳动力资源的争夺愈演愈烈，以往的外来人员流入量比较大的省份地区现阶段也经常会出现用工荒的现象。

今天的"中国制造"，背后是 1960～2000 年之间出生的加起来总共 9.7 亿的劳动力资源共同建设和努力的结果。我们同样可以得出，未来实现我国成为现代化制造强国和 2050 年远景目标的劳动力资源群体是 90 后乃至 2030 年间出生的人口数，但是通过国家统计局所公布的我国每年的新生儿出生率数据进行推算，即使国家出台了延迟退休年龄、开放二孩和三孩政策，当达到 2050 年远景目标时期的适龄劳动力规模将不会超过 8 亿。如果我们仍然保持着现在的产业结构，在未来，中国劳动力的缺口很可能会以亿计。

在第七次人口普查的结果当中，我国目前有将近 3 亿的人口数目在年龄上已经超过了 60 岁，社会老龄化现象已经初见端倪；相比之下，我国的新生儿人数在 2020 年却与 2019 年相比环比下降了近 20%，新生儿的出生率仅仅只有 8.54%，生活压力和孩子的抚养压力使得很多家庭选择只生一个或者丁克，这便导致了劳动力资源的规模进一步缩小，进入了"人口红利陷阱"。2020 年的新生儿出生率达到了 1952 年以来的最低水平。相较于我国社会老龄化现象和少子化现象的初步显现，我国制造业的劳动力资源群体也有较为特色的变化：老龄化程度正在不断加深且年轻的劳动力资源也在慢慢流失。2020 年我国只有不到 1/4 的劳动力年龄在 30 岁以下，与之相对应的是，年龄在 40 岁以上的劳动力占总制造业劳动力资源规模的 1/2 以上，劳动力资源从第二产业制造业流向第三产业的原因大都聚焦于三方面：（1）工作内容大都是简单的重复性劳动，可代替性极强，晋升渠道不明朗且学习不到新的技能。（2）加班时间长，工作的融入度和舒适度差，无法获得社会的认可和尊重。（3）较低水平的薪酬水平，收获和付出不成正比。为了解决以上三个问题，这就要求制造业企业在企业的治理结构、员工满意度和融入度、轮休和轮岗制度以及劳动力资源的情感沟通中深入钻研，根据劳动力资源的需求进行改变和调整。

从农民工监测调查报告中我们不难发现，我国的劳动力资源的配置成本处于一个不断上涨的过程，如表 4.8 所示，2020 年我国从事制造业生产的农民工的月均收入水平较上一年增长了 3.5 个百分点，相较于 15 年前月均一千元上下的从事制造业的农民工而言，工资水平增长了将近 4 倍。虽然如此，高增速的平均收入水平背后隐藏的是高增速的劳动力配置使用成本，大部分的制造业企业根本负担不起这样的人工成本。"来料加工""来件装配""来样加工"的较为粗放的劳动密集型制造业在一段时间内依然是我国第二产业中较为主流的生产方式。结合未来我国劳动力资源规模将会不断缩小的大趋势，我国的制造业的产业升级是事关我国综合国力和未来经济发展情况的重中之重。只有制造业的升级转型方式和所在地区的劳动力资源规模相匹配时，才会对经济发展起到意想不到的增长。现阶段，我国制造业的口碑和市场认可度并不理想，大部分的制造业还处于较为粗放和低附加值阶段，随着劳动力资源配置和使用费用的提高，生产的产品价格也随之上升。与之相对应的是，我国的劳动力资源的综合素质也在不断地提高，所以只有尽快对制造业根据经济形势和劳动力资源发展状况进行及时的转型升级，才能够较好地解决制造业和劳动力资源规模平衡的问题。

表 4.8 　　　　　　　　　分行业农民工月均收入及增速

行业类型	2019 年（元）	2020 年（元）	增速（%）
合计	3962	4072	2.8
制造业	3958	4096	3.5
建筑业	4567	4699	2.9
批发和零售业	3472	3532	1.7
交通运输仓储邮政业	4667	4814	3.1
住宿餐饮业	3289	3358	2.1
居民服务修理和其他服务业	3337	3387	1.5

　　与此同时，根据第七次人口普查所显示的数据显示，我国的劳动力资源的综合职业素养水平正在不断地提高，人口的转型正在带动着产业的转型。但是与传统的制造业强国相比，我国的劳动力的综合素质水平还是略微偏下。就德国而言，通过德国 2011 年的统计数据可以发现，具有大学及技术大学入学资历的劳动者数目占比约 30%，是我国目前本科生文化程度的劳动者数目的两倍多。与亚洲制造业强国日本相比，劳动力资源达到高中以上文化程度综合职业素养的劳动者数目差距就更加悬殊了，就日本 2012 年统计的数据表明，高中及以上文化水平的劳动者占所有劳动力资源的 95%。但是这一变化趋势也表明我国的第二产业制造业的劳动力资源状况正在由低素质的人口红利时期向高素质的优质人才优势所转变，与刘易斯拐点中的在劳动力资源规模存在富余即人口红利时期，不需要花费较多的费用即可获得劳动力资源源源不断地补充，当人口红利期度过之后，劳动力资源相对匮乏的时期，只有通过提高劳动力资源的薪酬水平，提高劳动力资源的福利待遇才能够招聘到更高职业素养的劳动力资源进入企业。也就是说，中国的低端制造业会因为劳动力、土地成本的必然上升，从而主动转移出去，但由于我国拥有着世界上最完善的工业门类和全球最大的消费市场，原料和产成品的运输费用会抵消劳动力成本所产生的成本压力，但是低端制造业的行业利润水平会处于一个较低位置。相反，我国的中高端制造业会由于劳动力资源的综合职业素养和口碑的不断积累获得较为广阔的发展空间。随着素质教育的普及和我国社会经济的不断发展，劳动力资源的配置和使用成本不断上涨是时代发展的必经之路，为了降低劳动力资源的成本对制造业的规模和所创造的经济效益产生不好的影响，加快制造业转型升级的节奏，提高企业的盈利水平和利润率是目前我国发展较为迫切的问题。

　　回顾我国第二产业制造业所占 GDP 的比重变化趋势可以发现，2010 年前后的制造业占总 GDP 的比重较为稳定，均保持在 30% 左右的理想区间内，但是近几年由于去工业化和部分省份盲目发展第三产业导致了第二产业制造业在我国 GDP 中的占比急速下滑，想要达到我国

"十四五"规划中制造业比重稳定在 30% 左右的这个目标，就不仅要实现外部基础配套设施的建设、招商引资等各种政策优惠的外力帮助，还需要各个地区根据自己的真实经济发展水平和条件优势规划好制造业升级转型的方向和途径。除先进制造业的发展和创新外，各个地区也应该对制造业产业链中的核心领域和薄弱环节进行攻克和完善，打造出一批掌握核心技术和能够制造行业规定的行业顶尖企业，通过精益求精的技术使产品达到世界领先水平，通过产业链的聚集效应和规模效应带动相关产业和技术的革新，从零散分布，变成集群驻扎，提升整个行业的整体实力

除了借助于政策的外力之外，企业转型的核心还是在于企业的内部。第七次人口普查的一个重要意义，就是代表着制造业增长不能寄希望于外部人口的增长，只能依靠企业向产业中上游进发，朝着智能化、数字化转型。在第四次产业革命和大智移云技术的支持下，打造无人工厂，这貌似成为了解决用工荒的方法，通过数字化的改造，可以提高品控能力与产品质量；但是对于更多的中小型制造业企业而言，这样的转型之路显得有些模糊和漫长。对于自动化的付出和投入可能不成正比，这对于一个制造业来讲在效益不景气的时期无疑是在自寻死路；同时，数字化转型的概念对于中小企业来说，究竟是重研发、生产、售后、还是以销售为核心，如何利用、如何落地以及实现方式也让许多制造业企业对智能化、人工化转型望而却步。况且目前我国大部分制造业的现状，是数字化营销能力基本为 0，所以保证企业的正向发展，有了稳定的现金流，才有机会、有资本去进行企业整体的转型。

新冠疫情使得全球经济百废待兴，对于我国制造业的转型升级，这是一个能够做到"腾笼换鸟"，推陈出新，实现弯道超车进而实现 2050 年建设现代化制造业强国的绝佳时期。这段时间既需要我国制造业能够发挥出壮士断腕的精神，舍弃一部分高耗能、低效益、高污染的粗放型低附加值的低端制造业，也是安心钻研核心技术、改变我国制造业口碑的黄金时期。潜心发展中高端先进制造业技术，借助较为

主流的互联网宣传销售方式，从全球市场中经营好自身品牌。只有借助于营销上的提高，在疫情催化全球产业链的变革中，我们才有机会去寻找到一个更高的起点和定位，从而支撑着企业向智能化、自动化方向发展。结合未来劳动力资源的发展趋势制定出切实可行的制造业转型升级的可行方法，实现我国经济再一次又好又快地发展。今天，全球化贸易的分工体系已经被疫情撕开了一道道缺口，过去被分在"制造"环节的中国企业有了向中高端品牌化方向去寻找机会的可能。

4.4 本 章 小 结

本章内容主要分三部分来对我国制造业转型升级分析的框架按照不同的产业类型、行业分类和地理区位进行展开，首先是基于国家统计局和各地所披露的信息对于我国制造业的行业类型、收入规模、劳动力资源配置等现状机型分析汇总，分别分析了国有企业、外资企业和私营企业在不同制造业类型的主营业务收入和劳动力资源使用情况，判断它们分别在我国制造业转型升级中所扮演的角色与作用。其次，对于劳动力资源配置效率对于我国制造业转型升级的影响因素所涉及的理论和模型进行归纳分析，通过研究劳动力资源的素质水平、规模水平和生产要素完善程度来对我国一二三产业的发展潜力和促进程度，基于 DEA 的 Malmquist 指数模型以及 2016 年和 2019 年的面板数据分别进行动态和静态的分析，结合我国主要省份的前五位的制造业上市公司的 tfp 值进行验证对比，对我国东中西部地区以及我国的主要省份进行评价和差异性分析。结合我国第四次经济普查结果及乡村振兴战略、"一带一路"倡议等政策的影响，对我国主要的省份的制造业重点发展类型和未来的转型类型进行分析，以便能够更好地对高端制造业"集群式"发展和产业链的战略性布局。受新冠疫情和全球经济逆全球化趋势加剧，我国未来的制造业转型方向仍要以国内的经济循环和庞大的市场需求为导向，坚持智能化、数字化和自动化的发展方向，结合第四次工业革命的新趋势进行有条不紊的转变。最后，结合历次人口普查数据和我国 GDP 超万亿的城市制造业的发展分析劳动力资源对于我国未来制造业转型升级的发展趋势以及对比主要城市的制造业发展状况和模式，为实现我国 2050 年现代化制造业强国的目标应该如何对制造业的转型升级路径进行优化以适应新的劳动力人口形式提供出新的借鉴思路。加速我国东中西部各省份制造业由粗放向集约、由低附加值向高附加值、由劳动资本驱动向知识驱动的转型升级。

第5章

劳动力成本上涨分析框架
——分类型、行业、区域分析与评价

5.1　制造业劳动力成本上涨现状分析

在我国制造业发展初期，雇佣劳动力的成本相对较低，为制造业的发展带来了丰富的劳动力资源，并且降低了企业成本，促使制造业迅速发展。不过近些年来，随着时代的发展，居民对物质生活水平的追求越来越高，在加强自身技能、提高教育水平的同时，政府也出台各种分配收入和社会保障的政策，促使制造业劳动力成本在逐年上升。

图 5.1 为我国制造业 2009～2019 年就业人员的平均工资及其增长率变动情况，从图中可以看出，2009～2019 年制造业人员平均工资不断上涨，在 2009 年制造业就业人员人均年收入为 26810 元，而到 2019年上涨到 78147 元，涨幅较大。从增速看，多年来我国制造业劳动力成本维持了较快的增长速度。由于金融危机、国际环境变化的影响，中国经济在 2010～2012 年属于回升期，平均工资的增长速度较快，在2011 年增速高达 18.6%；随后中国经济发展进入新常态，经济发展环境稳定，增速逐渐减缓。

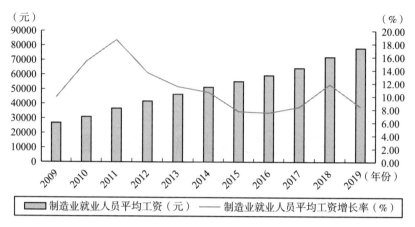

图 5.1　我国制造业 2009～2019 年平均工资及增长率

资料来源:《中国劳动统计年鉴》。

劳动力成本具有一定的特殊性,从企业角度来看,是生产经营中雇佣员工所付出的代价;从劳动者角度来看,是维持生活的收入。在制造业转型升级过程中,分析劳动力成本上涨情况意义重大。在对我国制造业劳动力成本上涨的情况分析过程中,以制造业就业人员平均工资为主要对象,从不同企业类型、不同行业以及不同地区三个角度来衡量我国制造业劳动力成本水平。

5.1.1　不同类型企业劳动力成本上涨分析

经济的发展促使制造业就业人员平均工资大幅增长,收入差距仍然存在,这种现象可能因为企业性质的不同,有不同的变化趋势和表现形式。根据企业性质的不同,比较国有企业与非国有企业工资差异对企业发展具有重要的意义。图 5.2 反映了 2009～2019 年我国制造业国有企业与非国有企业就业人员平均工资的变动情况。总体来说,国有企业和非国有企业就业人员平均工资逐年上涨,与制造业工资上涨趋势一致。但这十年来,国有企业平均工资始终高于非国有企业。国有部门与非国有部门之间不仅存在着工资差异,还存在着就业歧视等问题（张抗私等，2017[78]）。对于制造业国有企业而言，它拥有更好的经济环境，更便利的资源获取通道，注重社会和政治目标，在企业获得更好发展的同时提高员工的工资水平。其次，国有企业发展的稳定性决定了其工作的稳定性，能给员工提供较好的福利和工作环境，因此，一些高学历毕业生群体把进入国有企业工作作为首要选择，促使反映人力资本价值的劳动力成本上涨。从两个劳动力市场的供求关系来看，国有企业对劳动力的需求小于供给，非国有企业对劳动力的需求要大于供给，这种局面也就引起了国有企业和非国有企业的工资差异。

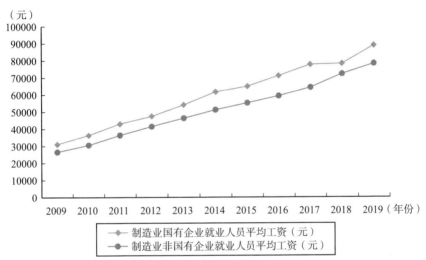

图 5.2　我国制造业国有企业与非国有企业平均工资变动情况

资料来源：《中国劳动统计年鉴》。

5.1.2　不同行业劳动力成本上涨分析

对制造业劳动力成本整体分析我们可以看出，我国制造业工资水平 2009～2019 年在不断增长。根据最新行业划分标准，分别选取了制造业劳动密集型、资本密集型、技术密集型产业中最具有代表性的行业，来进一步分析制造业不同行业的劳动力成本变化情况。其中，劳动密集型行业中选取食品制造业和纺织业，资本密集型行业选取金属制造业和医药制造业，技术密集型行业选取专用设备制造业和铁路、船舶、航空航天和其他运输设备制造业。铁路、船舶、航空航天和其他运输设备制造业行业从在 2012 年起不再归属于交通运输业，因此选取 2012～2019 年制造业劳动密集型、资本密集型、技术密集型行业平均工资。

根据图 5.3 可以看出，选取的六个具有代表性行业中，近七年就业人员平均工资均在逐年上涨，与制造业整体平均工资增长趋势一致。具体增长幅度如表 5.1 所示，增长幅度最大的是医药制造业，该行业就业人员在 2012 年的平均工资为 44806 元，2019 年增长到 88523 元，增长了 97.57%，纺织业和铁路、船舶、航空航天和其他运输设备制造业工资水平增长率也高达 84%。

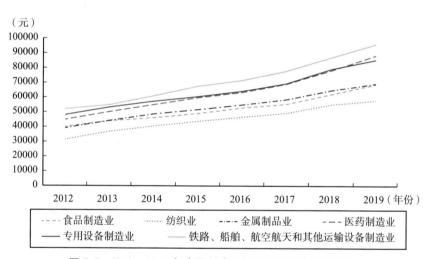

图 5.3　2012～2019 年我国制造业行业平均工资变动情况

资料来源：《中国劳动统计年鉴》。

表 5.1　　2019 年我国制造业细分行业平均工资较 2012 年增长率

行业	增长幅度（%）
食品制造业	72.27
纺织业	84.37

行业	增长幅度（%）
金属制品业	77.51
医药制造业	97.57
专用设备制造业	78.09
铁路、船舶、航空航天和其他运输设备制造业	84.78

资料来源：《中国劳动统计年鉴》。

此外，整体进行对比可以发现，就业人员平均工资最高的是技术密集型行业，其次是资本密集型行业，最后是劳动密集型行业，这与各个行业生产特点以及生产的产品相关。资本密集型行业和技术密集型行业的生产需要更多的资金、专业技术人员，生产的大多是附加值高、技术含量高的产品，成本也就较高，而劳动密集型行业的产品主要依靠大量的人工，对员工技术水平要求低，生产的产品价值低。不同行业间转型大多依赖于价格的变化，劳动力价格就是其中一个表现形式，促使劳动力向高工资水平的行业转移。伴随着劳动力价格的上升，支付较高工资的行业更加注重就业人员的能力和素质水平，而较高的收入也会促使劳动者重视人力资本投资，专注于自身技能的提高，劳动密集型行业就业人员会向资本密集型和技术密集型行业转移。

5.1.3　不同地区劳动力成本上涨分析

我国幅员辽阔，不同地区的经济水平、人口分布等因素有很大的差异，也导致了不同地区的劳动力成本有较大的差别。《中国劳动统计年鉴（2020）》各地区制造业城镇单位平均工资中显示，北京市以138312元占据了2019年制造业平均工资榜首，河南省平均工资最低，为56691元。将我国区域划分为华北、华东、西南、东北、西北、华南、华中，从不同的地区来看，制造业用工成本最高的是华北地区，就业人员平均工资达到86601元，用工成本最低的是华中地区，平均工资为 66000 元。

相比于 2009 年我国各省份制造业劳动力成本增长情况如图 5.4 所示，对比各省份增长率可以看出，制造业劳动力成本增长有地区性差异。在近十年间，整个制造业就业人员的工资水平增长了 191.48%。西藏在 2009～2019 年就业人员的平均工资增长了 260.51%，在全国各个省份中增长速度最快；河南省 2019 年就业人员工资较 2009 年增长了 143.00%，增长速度最慢。同时，这种明显的差异也存在于不同地区不

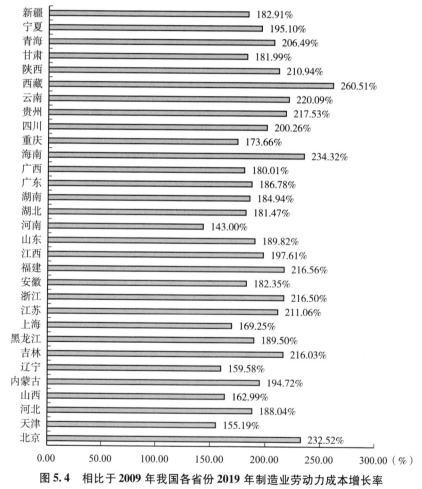

图 5.4　相比于 2009 年我国各省份 2019 年制造业劳动力成本增长率

资料来源：《中国劳动统计年鉴》。

同年份的劳动力成本中。表5.2是2009～2019年来全国各省份制造业劳动力成本的增长情况，由此可见，我国七大区域在2009～2019年每一年制造业劳动力成本的变化情况都有所不同。总体来看，我国七大区域制造业劳动力成本均在逐年增长，近两年来增幅较缓。

表5.2　我国不同区域2009～2019年制造业劳动力成本的增长率　单位：%

区域	2009年	2010年	2011年	2012年	2013年	2014年	2015年	2016年	2017年	2018年	2019年
华北	9.17	16.52	17.77	14.20	10.30	7.55	8.14	5.93	11.27	12.15	9.07
东北	10.50	15.10	14.74	12.77	13.05	10.00	4.56	8.63	10.82	13.61	8.57
华东	10.91	15.74	19.81	14.06	10.95	10.22	7.41	8.55	8.52	10.74	8.64
华中	12.24	16.41	19.06	11.33	6.44	10.27	7.51	6.78	7.47	12.17	7.88
华南	11.60	15.50	14.66	13.60	14.77	11.78	10.16	8.02	8.12	11.21	8.22
西南	14.32	15.02	15.28	11.44	16.99	10.47	10.65	11.18	7.29	14.64	8.54
西北	6.30	15.16	25.38	16.03	9.15	11.51	3.60	4.36	9.43	10.45	10.64

资料来源：《中国劳动统计年鉴》。

从上文分析可以看出，制造业的发展、制造业劳动力成本状况以及制造业劳动力成本增长都存在显著的地区差异性。也就是说，制造业劳动力成本上涨会给不同的地区带来不同的影响。因此，要针对不同地区来分析制造业劳动力成本上涨问题，并结合地区特点制定差异化战略。

5.2　劳动力成本上涨影响因素分析

从劳动力成本上涨原因的众多研究中，我们可以看出影响劳动力价格的因素繁多且复杂，其中最主要的因素是劳动力供求关系的变化。同时，人力资本价值的提高、劳动生产率的提高、劳动者保护制度的完善、社会经济的快速发展、居民生活成本的提高等因素都会导致劳动力成本上涨。以下分别对各个因素进行分析。

5.2.1 劳动力供求关系的变化

在劳动力市场中，企业通过市场交易获得发展所需的劳动力资源，而劳动者获得收入的主要来源就是利用其自身要素资源与企业进行交易。根据价格决定机制，商品的价格由其供给和需求之间的关系决定的。在劳动力市场中主要交易对象就是劳动力这一生产要素，企业是该要素的买方和需求者，劳动者的数量决定了供给量，劳动力的价格也就是由二者之间动态的供求关系决定的。

从图 5.5 可以看出，2009～2019 年我国人口出生率维持在 10‰～12‰，在 2016 年略有上涨，之后逐年下降，总体呈现下降趋势。虽然我国经济发展迅速，人民生活水平逐年提高，但由于养育成本的上涨、人们思想的转变等诸多因素的存在，促使我国人口出生率下降。而死亡率稳定在降低水平，我国人口老龄化问题日益严重。根据数据分析

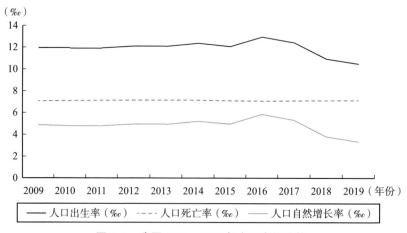

图 5.5 我国 2009～2019 年人口变化趋势

资料来源：《中国统计年鉴》。

可知，65 岁以上人口每年都在增长，2019 年 65 岁以上人口高达 17603
万人，占总人口的 12.57%。

2009～2019 年，虽然我国劳动力总人口每年都在增长，从 2009 年
的 7.751 亿增长到 2019 年的 8.1104 亿，但是增长的幅度在逐年降低。
邓鹭（2018）在研究劳动力市场供求关系时，采用了劳动参与率指标，
即使用劳动人口占 15 岁及以上总人口的比重来分析劳动力供给情况
（邓鹭，2018[79]）。根据图 5.6 可以看出，2009 年至今，劳动参与率在
逐年下降，这可能是近些年来人口出生率的持续下降引起的，从而导
致了劳动力市场上供给也在持续减少。在我国制造业转型升级的重要
时点，企业需要更多的劳动力来加速生产，扩大规模。因此，巨大的
劳动力需求和持续短缺的劳动力供给带动了劳动力成本不断上涨。

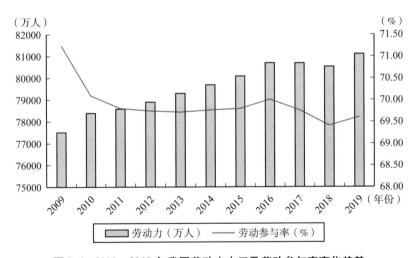

图 5.6　2009～2019 年我国劳动力人口及劳动参与率变化趋势

资料来源：《中国劳动统计年鉴》。

图 5.7 展示了劳动力供求变化过程以及对劳动力成本的影响。图
中曲线 D 来表示需求曲线，曲线 S 表示供给曲线，L 表示劳动力的数
量，W 表示劳动价格。在所有因素都不发生变化的情况下，当需求曲
线 D_1 与供给曲线 S_1 交于 E_1 点，此时达到均衡状态。根据前面分析可

知，我国近十年来出生率的下降、老龄化等人口问题突出，使得劳动力的数量减少，因此供给曲线由 S_1 向左移动到 S_2。对于企业而言，发展壮大的过程中需要更多的员工，也就导致了需求曲线 D_1 向右移动到 D_2，两直线 D_2 与 S_2 相交达到一个新的平衡点，在这一动态过程中，劳动力价格在上涨。

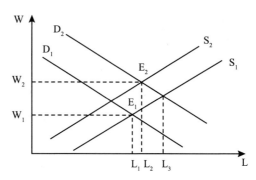

图 5.7　劳动力供求曲线变化图

5.2.2　劳动生产率的提高

企业通常使用劳动生产率这一指标来衡量单位劳动力所创造的价值，反映其生产效率的高低。不同的劳动者在相同的时间内生产出商品的数量是不同的，也就是说它们的效率是不同的，相同时间内生产出较多产品数量的劳动者能够帮助企业带来更多的经济利益流入，企业也愿意为此支付更高的代价，从而使得劳动力成本上涨。劳动生产率的提高受企业管理效率、员工自身条件等多种因素的影响。从劳动者角度，下面探讨受教育年限、劳动者技能两者对劳动生产率的影响，进而影响劳动力成本。

中国经济的增长最终依附于人力资本的积累（郭兆晖等，2020[80]）。百年大计，教育为本，教育在我国民族复兴道路上起到决定性作用。近年来，我国秉承着科教兴国的理念，大力发展教育，越来越多的人认为接受更高层次的教育是改变生活质量的重要措施。《中国劳动统计年鉴2020》显示，2019年就业人员中大学本科学历占9.7%，研究生学历占1.1%，与2018年相比均有所上涨。

国民素质进一步提高，大批高层次人才以及海外留学人员涌入劳动力市场，促进社会发展、科技进步、产业扩大。近十年间我国制造业劳动者受教育水平如表5.3所示，2019年我国制造业有17.3%的就业人员中接受了大学专科及以上学历教育，远远超过2009年的8.6%。与此同时，需要我们持续关注的是，我国制造业一半以上的就业人员为初中及以下学历，制造业内部受教育水平不均衡。

表5.3　　　　　2009～2019年我国制造业就业人员受教育程度　　　　　单位：%

年份	未上过学	小学	初中	高中	大学专科	大学本科	研究生
2009	0.9	13.1	56.8	20.6	5.9	2.5	0.2
2010	0.7	13.1	56.3	20.1	6.4	3.1	0.3
2011	0.5	10.6	54.1	23.3	7.9	3.4	0.2
2012	0.7	9.9	53.0	23.6	8.6	3.8	0.4
2013	0.7	9.9	53.0	23.1	8.9	4.2	0.3
2014	0.5	10.3	51.8	22.8	9.7	4.6	0.3
2015	1.0	10.2	49.5	22.5	10.9	5.4	0.5
2016	0.8	10.0	49.4	22.2	11.5	5.6	0.5
2017	0.7	9.5	49.7	23.4	10.7	5.6	0.4
2018	0.6	9.6	49.5	23.1	10.8	5.9	0.5
2019	0.8	11.0	48.8	22.1	10.7	6.0	0.6

资料来源：《中国劳动统计年鉴》。

在此基础上，受教育水平整体提高也促进了劳动力追求更高层次的专业技能。其一，企业的技术发展要求具备充足的专业技术人员，这无疑在人员招聘中提高了对应聘者的要求，劳动者要想获得职业发展机会，就必须努力追求自身素质的提升，满足企业发展过程中对人员的需求。其二，专业技能的提升也让劳动者拥有更多的金钱、精力，使专业技能水平与工资水平二者拥有无休止的双向促进的关系。从表5.4可以看出，每年我国就业人员证书获取人数在100万以上，近十年中，2015年证书获取人数高达313万。新增专业技术人员中，中高级人员占比逐年上升。

表5.4　　　　　2009～2019年我国就业人员证书获取人数　　　　单位：人

年份	获取证书总人数	初级	中级	高级	技师	高级技师
2009	1636149	562781	673659	335144	55143	9422
2010	2285392	801645	770516	626959	72822	13450
2011	2578410	1067480	724459	686101	84163	16207
2012	2702465	1020025	857542	708589	97529	18780
2013	2750425	1119433	893839	614511	99406	23236
2014	2556541	842679	867772	684070	120486	41534
2015	3132628	1175807	1063277	742734	121679	29131
2016	1713407	528629	585940	487299	78846	32693
2017	1857892	533604	616728	580087	85833	41640
2018	1523099	535170	430306	467782	64713	25128
2019	1398424	490644	468832	398761	28361	11826

资料来源：《中国劳动统计年鉴》。

劳动者通过学习系统的科学知识，提升受教育年限和专业能力，学习能力、思维能力、创新能力更加成熟，我国经济平稳发展以及制造业劳动生产率大大提高的大背景下，也促进了劳动力成本的上升。

5.2.3　劳动者权益保护措施的完善

1. 最低工资水平的提高

自社会主义市场经济体制实施以来，我国经济得到了飞跃式的发展，制造业也充满了活力。劳动者作为社会中的弱势群体，力量单薄，经常会受到企业的压榨，比如一些企业一味追求利润最大化，不合理地支付工人较低工资或者恶意扣押工资，这些行为严重损害了劳动者的合法利益。政府为了保障劳动者的利益，颁布了《中华人民共和国劳动法》和《中华人民共和国劳动合同法》并规定了最低工资标准，通过强制性的监管制度确保这项政策的实施。各地区积极响应国家政策，在国家立法的基础上，制定本地区最低工资标准时结合地区经济水平和发展状况，在经济得到发展的同时上调最低工资标准，因此最低工资标准并不是一成不变的，我国明确规定为最低工资标准应至少每两年调整一次。最低工资标准的制定在一定程度上保障了劳动者的最低工资收入，但对于企业来说生产经营付出的代价在逐渐增大，企业会更加重视人力资源的利用，在企业发展以及行业转型升级过程中充分发挥劳动力的价值。

在相关部门公布的最新月最低工资标准中，上海市在全国范围内月最低工资标准最高为 2480 元，并且福建、青海、广西三个省份自 2020 年起开始实施新的最低工资标准。其中福建省采用 1800 元、1720 元、1570 元、1420 元的四档标准，各档平均值平均增幅 8.4%。青海最低月工资标准由 1500 元上调为 1700 元，增长 13.3%。广西新的最低工资标准中，月最低工资标准由此前的 1680 元、1450 元、1300 元分别上调至 1810 元、1580 元、1430 元。

最低工资标准不断上调的趋势反映了我国劳动力成本也在上涨。制造业在前期中依靠低廉的劳动力资源得到了快速发展，这些劳动者数量众多且大多从事劳动密集型行业，最低工资标准的规定在提高劳动者收入的同时，也使得整个行业在雇佣劳动力时支付的成本不断上升。

2. 企业社会保障支出比例较大

经过六十多年的探索，我国逐渐形成了现代社会保障体系。在摸索过程中，政府一直把建立健全社会保障制度体系、保障人民利益作为最根本的目标。对人民群众而言，他们关注的焦点在于是否能够平等地享受经济发展成果，而在社会主义市场经济体制完善与发展的过程中，分配的结果往往受到各种因素的影响，想要绝对的平等是不能实现的，这也促进了社会保障制度日益贴近人民群众，逐渐完善。只有解决好人民群众关注的社会保障问题，才能保证国民经济平稳健康地发展，由此可见健全社会保障体系的重要性。在不断发展过程中，我国建立了专门专项基金用于支付社会各项保险待遇，在国家强有力的支撑下，社会保障也有了可靠的资金支撑。这一保障体制完成了从完全由国家承担向国家、企业和个人三者共同承担的转变，形成了一种包含养老、生育、失业等多层次的社会保障体系。

根据 2020 年《中国统计年鉴》数据显示，在 2009 ~ 2019 年，我国参加社会保险的人数逐年增长，与 2018 年相比，2019 年我国参加养老、失业、工伤保险人数增幅较大。这三项社会保险基金在 2019 年总收入 8.36 亿元，总支出 7.53 万亿元，年底有 9.70 万亿元的结余，基金运行总体平稳。根据历年《中国统计年鉴》中我国社会保险基金收入、支出、累计结余三个指标的数据描绘出折线图，如图 5.8 所示。从图中可以看出，我国社会保险的这三项指标都在逐年上涨。从曲线的弯曲程度可以看出，三者均在 2018 年实现飞速增长，近十年来增长率达到最大值。

为了保障就业者的合法利益，我国从法律角度对企业进行了约束，社会保险有员工和企业按一定的比例共同缴纳。就业者在选择就业单位以及判断一个企业好坏的基本标准就是社会保险和福利待遇。提供较高的薪酬和较好福利待遇的企业必然会受到更多就业者的欢迎，尤其是在劳动力供给紧缺的情况下，要想在众多企业中脱颖而出，吸引高技术高素质人才，必须给予更高的待遇。这无疑加剧了企业之间在招聘员工上的竞争，也使企业的经营成本进一步加大，同时也成为劳动力成本上涨的一个重要因素。

（亿元）

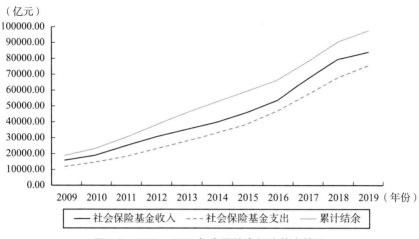

图 5.8　2009～2019 年我国社会保险基本情况

资料来源：《中国统计年鉴》。

5.2.4　生活成本的增加和消费水平的提高

随着国民经济的发展，居民生活水平提高的同时，物价水平也在不断上涨，尤其是与居民生活息息相关的必需品，近十年的物价发生了天翻地覆的变化。此外，群众文化建设的需求日益增加，越来越多的人在业余时间里追求自己喜欢的事物或者外地旅行。产品价格的上涨以及丰富的业余生活增加了居民生活成本，家庭的日常开支、对自身以及子女的技能水平、教育程度的追求，必须有足够的工资支撑，这无疑促使劳动者要求企业及政府上调工资水平，加快了劳动力成本上涨步伐。

整理《中国统计年鉴》中工资和人均消费水平的数据，可得关系如图 5.9 所示。

我们从图中可以看出，与 2009 年相比，我国的居民消费水平与制造业城镇单位就业人员平均工资两者均增长了近两倍，在此期间，二者均在逐年增长。

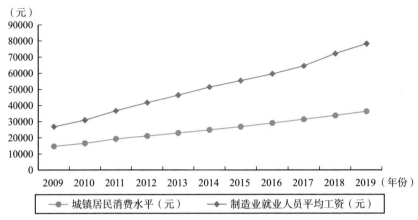

图 5.9　2009～2019 年我国制造业平均工资和居民消费水平变动趋势

资料来源:《中国统计年鉴》。

5.2.5　劳动者维权意识的增强

劳动者维权意识的增强也促进了制造业劳动力成本的上涨。在以往的企业发展过程中,企业大多雇佣劳动者进行机械化作业,对劳动者的要求较低。从国家层面来看,并没有完整地建立劳动者权益保护制度,因此许多企业存在一些违法行为,侵害劳动者权益的事件屡屡发生,比如恶意拖欠劳动者工资、延长劳动者工作时间等。从劳动者层面来看,其法律意识淡薄,不愿为维权付出代价,只能对企业侵害自身利益的行为忍气吞声。近些年来,政府出台了各项法律制度,实施了一系列劳动保障措施,制约了企业违法行为。同时,劳动法的普及、劳动者教育水平和素质水平的提高使得劳动者的维权意识不断觉醒。劳动者在面对企业的不平等待遇时,越来越懂得如何通过法律手段保护自己的劳动权益,不再只是无奈地接受和吞咽。特别是新劳动合同法实施后,一些用工企业的违法成本大大增加。劳动者对工资、福利和工作条件方面也有了更高的要求,企业要提高职工工资等方面的工作和生活环境来吸引和留住职工。

5.3　劳动力成本上涨带来的影响分析

5.3.1　劳动力成本上涨的有利影响

劳动力成本增长，会对促进我国经济、行业以及企业的发展。

从整个国民经济环境来看，适当的引导劳动力成本上涨可提高居民消费水平，促进经济发展（雷雯，2017[81]）。劳动力成本的上涨使得劳动者可支配收入越来越多，能够刺激居民消费，提高产品的销售额。同时，国外疫情的扩张、国家之间日益紧张的政治关系严重影响了我国商品的出口量，在这种情况下，刺激国内消费有助于减缓国际交易对我国经济的冲击，改善我国对外出口结构。劳动者收入的提高是我国加速脱贫的步伐主要途径，特别是对于我国偏远地区的居民，工资水平的上涨能有效提高生活水平，缩小贫富差距，实现社会的和谐发展。

从行业发展角度来说，传统的劳动密集型行业优势不再显著，单纯地依靠投入大量的劳动力资源难以维持行业发展，应加强资本、技术与劳动力的有机融合（阳立高等，2014[82]）。劳动力成本上升为促进产业结构升级提供了良好的机会，能够促进技术进步，提升自主创新能力，加快向技术密集型产业转型，增加技术含量较高的产品的产量和出口量。从前面分析我们可以看出，劳动力成本与地区发展紧密相关，并且导致了严重的地区差异，很多企业仍可以把握住西部地区廉价劳动力的优势，在地区之间进行转移，实现行业在地区之间的均衡发展。

从企业生产角度来看，其一，企业聚焦于劳动力成本优势会使得企业在短期内获得发展优势，但并不利于企业的长期发展，从而忽略了对技术以及管理水平的追求。而劳动力成本的上涨促使企业重视资本、技术等替代要素，从低成本战略转向差异化战略，在企业自身发展壮大过程中起到了推动作用。其二，过低的工资待遇会降低劳动者工作的积极性，效率低下，相反劳动者的工资待遇提升后，会明显提高劳动生产率，减小企业的员工流动率，有利于企业的生产管理。

5.3.2　劳动力成本上涨的不利影响

劳动力成本上涨还会降低企业的市场竞争力、加剧就业压力、加速通货膨胀。

劳动力成本的上涨使得企业利润空间缩小，促进了产品价格的提高。低廉的劳动力成本是劳动密集型行业的主要竞争优势，其成本较小也就可以以较低的价格占据较大的市场份额。劳动力成本的上涨使得这些行业的发展优势消失，再加上行业的缓慢发展，一些企业不得不退出市场。

劳动力成本过快增长使国内产业丧失了竞争力，一些发展不景气的企业为了减少劳动力成本支出，采取裁员或者缩减岗位的方法，从而降低对劳动者需求数量。另外，新建的企业提供的就业岗位远远小于劳动力数量，这导致了就业岗位供给的减少，反而对劳动力的质量要求越来越高，越来越多的企业不仅要求就业人员具备一定的技术能力，还要有一定的文化水平。从整个行业以及整个劳动力市场来看，总是出现供大于求的现象，因此，在这种情况下，找工作的难度越来越大。

劳动力成本的上涨还会加剧通货膨胀（詹新宇和方福前，2014[83]）。人工成本是产品成本的组成部分，人工成本上涨会导致产品成本上涨，最终导致产品价格的提高，引发通货膨胀。也就是说，居民收入水平提高的同时会付出更高的生活成本，这时劳动者就会追求更高的工资水平，要求企业支付更高的报酬，从而这种相互作用、周而复始的关系，加速了通货膨胀。

5.4　劳动力成本上涨对制造业
转型升级影响的实证研究

5.4.1　劳动力成本上涨对制造业转型升级的影响机制

在制造业发展初期，企业利润主要来源于价格较低的生产要素资源，对于企业来说，劳动力成本上涨使得企业经营成本的上涨，从而缩减了利润空间，企业要想得到长期的持续性发展、行业要想转型升级，必须摆脱依赖廉价劳动力资源、长期处于劳动密集型行业的局面，充分认识到技术进步的重要性。因此，劳动力成本上涨的大环境也会对制造业产生深远的积极影响，拉动制造业向资本密集型、技术密集型行业转型升级。

1. 劳动力成本上涨对制造业劳动效率的影响

劳动力成本的上涨不仅受到劳动力供求关系变化、劳动者权益保护制度的完善、经济发展水平的提高等外部宏观条件的影响，还受到劳动者自身素质水平的影响。工资拉动产业转型升级有三大机制，即拉动机制、推动机制以及关联机制（孙玉磊，2014[84]）。其中，关联机制则认为当劳动力成本上涨时，它会通过其他因素的关联，从而推动或者阻碍产业的转型升级。本书认为其中一个关联因素是劳动生产率，劳动力成本上涨通过劳动生产率进而影响制造业产业转型升级，具体表现为：劳动力成本上涨带动劳动生产率提高，推动制造业行业结构发生变化。体现在以下几个方面：

首先，体现在生活方式、生活追求上。收入的增长促进了居民生活水平的提高，人们对生活质量提出了更高的要求，不再一味地追求金钱，而是将更多的时间和精力用于学习，提升自己教育水平，提高专业技能。对于公司团队内部也就有更多大胆提出创新性方案、改进工作方法的钻研型人才,从而有利于企业内部高层次人才队伍的建设与发展。这无疑会促使企业的产出效率提高,形成自身核心竞争力,推动制造业向高端技术产业转型。

其次,劳动力成本的上涨会增加员工的机会成本,员工不会放弃较高福利待遇的工作,因此会增加员工对企业的归属感。同时,工资的激励作用会带动员工为企业创造更大的价值,对于管理层的决策更加认同,员工工作积极性的提高有助于领导层下派任务的顺利开展。在企业内部形成心往一处想、劲往一处使的工作氛围,同时,促进整个行业的健康运行和发展。

2. 劳动力成本上涨对制造业经济贡献的影响

劳动力成本上涨可以实现企业经济效益的增加(冯永琦和张蓦严,2018[85])。工资水平的上涨意味着企业维持正常的生产经营需要付出更大的代价,也就是说,工资上涨不一定会增加企业的产出效率,但一定会增加企业的成本。若短期内单纯使用利润总额来衡量制造业经济贡献,劳动力成本作为利润的抵减项目,缩减了企业的盈利空间。大多数企业会通过提高产品价格的方式来应对劳动力成本上涨,这必然会是企业增加短期收益,但在整个市场来看,一旦有的企业降低同类产品的价格,就会使得提高产品价格的企业丧失市场份额,占据不利地位,尤其是采用低成本竞争战略的企业。从长期角度以及整个制造业发展来看,劳动力成本的上升会通过影响经济贡献,从而促进制造业产业结构的转型升级。其一,廉价的劳动力是一些劳动密集型制造业增加产值的主要资源,但在这些行业中也存在效率低下的现象,劳动力成本的上涨会加重这些企业的负担,对整个国民经济和产业经济贡献力较弱。中优胜劣汰适者生存的环境,促进企业转变经营方式,如果不转型升级,只产业能被市场所淘汰。其二,在经济平稳发展的大环境下,我国仍存在地区经济发展不平衡的问题,尤其是西部一些地区,经济落后导致劳动力成本较为低廉。制造业企业为了生存,可能会重新进行区域的发展规划，工厂转移至经济不发达地区一降低企业的经营成本，这在带动区域经济发展的同时，还促进了我国制造业区域间的均衡发展。其三，劳动力成本的上涨会使得资本和技术的相对价格下降，一些依赖低廉劳动力的企业经济贡献力弱，得不到产业较好的支持，因此，会转变发展理念，培养创新性思维，增加对资本和技术要素的使用来减轻劳动力成本上涨给企业带来的冲击。制造业企业对技术的追求也使得行业内部中低端技术企业比重下降，高端技术企业比重上升。通过三个方面的影响，会促使产业经济的发展，对制造业结构的升级产生积极影响。

5.4.2　劳动力成本上涨对制造业转型升级的实证分析

通过上面分析，我们可以将劳动力成本上涨影响制造业转型升级的路径总结为以下两个，即"劳动力成本—劳动生产率—制造业结构升级"，"劳动力成本—经济贡献—制造业结构升级"。因此，本部分采用实证研究方法实分别检验劳动力成本上涨对制造业劳动生产率、经济贡献的影响。

1. 劳动力成本上涨对制造业劳动生产率的影响研究

（1）变量选取与数据来源。

实证研究的基础是变量的选取和模型的建立，其中变量选取的好坏不仅涉及模型的拟合优度和回归结果的显著性，还会对研究结论的准确性产生影响。根据数据的准确性、可获得性，进行了大量数据筛选整理后，最后选定变量如下：

①被解释变量 – 劳动生产率。吴业斌（2014）选取了劳动生产率这一解释变量探讨了"劳动力成本 – 劳动生产率 – 制造业转型升级"这一路径[86]。因此，本书选取劳动生产率作为被解释变量。劳动生产率是指在一定时期单位劳动力所创造的价值，本书采用人均工业增加值指标衡量劳动生产率水平，该指标是用制造业工业增加值除以制造

业年末就业人员数计算得出。由于 2007 年之后制造业细分行业工业增加值正在相关网站和统计年鉴中查询不到，因此我们借鉴吴业斌学者的推算方法，计算得出 2009~2019 年制造业细分行业的工业增加值，具体方法是：查找到新浪财经网站公布的宏观数据中工业分大类行业增加值增长速度中的累计增长率，用上一年度的年工业增加值乘以（1 + 全年增长率），结果就是该年度行业的增加值。

②解释变量 – 劳动力成本。用制造业城镇单位就业人员平均工资来表示。

③控制变量。控制变量主要考虑固定资产投入水平、技术投入水平、人力资本投入，并选择相应的指标来衡量：

固定资产投入水平：选取 2009~2019 年《中国固定资产投资统计年鉴》中固定资产额来衡量，对于有些年份的缺失值，通过查找国家统计局官网公布的数据或者根据公布的制造业各行业固定资产投资额增长率计算填补。

技术资本投入水平：通常用研发支出衡量一个企业或者行业的技术投入，因此我们选取了企业研究与试验发展经费内部支出 R&D 这一指标。

人力资本投入水平：用人均受教育年限衡量人力资本投入，但是相关网站和统计年鉴并没有公布细分行业员工的受教育年，统一用制造业的受教育程度来代替。借鉴吴秋阳（2016）[87] 人均受教育年限的计算方法，首先将制造业受教育程度分为七个等级，并根据各个等级所接受教育年限确定受教育年度系数。其次，用制造业年末就业人数乘以不同受教育程度百分比计算得出各个受教育等级的就业人数。最后，根据公式计算得出人均受教育年限，即 $\overline{Ed} = \dfrac{\sum N_i E_i}{N}$，其中 N_i 表示受教育程度为 i 的就业人数，N 表示制造业年末就业人员数，E_i 表示受教育程度为 i 的就业人员的受教育年度系数，研究生文化程度为 19，大学本科文化程度为 16，大学专科及高等职业教育文化程度为 15，高中及中等职业教育文化程度为 12，初中文化程度为 9，小学文化程度为 6，文盲为 0。具体变量的数据来源统计如表 5.5 所示。

表 5.5　　　　　　　　　　　　变量解释及数据来源

变量符号	变量名称	变量处理	数据来源
y	劳动生产率	原始数据取对数	《中国工业统计年鉴》 《中国劳动统计年鉴》
w	劳动力成本	原始数据取对数	《中国劳动统计年鉴》
k	固定资产投入水平	原始数据取对数	《中国固定资产投资统计年鉴》
Te	技术投入水平	原始数据取对数	《中国科技统计年鉴》
ED	人力资本投入水平	原始数据取对数	《中国劳动统计年鉴》

（2）模型构建。

首先我们构建多元线性回归模型，将被解释变量、解释变量以及控制变量引入回归方程，分析劳动力成本与劳动生产率之间的关系。并将变量转化为对数形式，构建回归模型如下：

$$\ln y_{it} = \alpha_0 + \alpha_1 \ln w_{it} + \alpha_2 \mathrm{Control}_{it} + + \varepsilon_{it} \tag{5.1}$$

其中，y_{it} 表示第 i 个行业第 t 年的劳动生产率，w_{it} 表示第 i 个行业第 t 年的劳动力成本，$\mathrm{Control}_{it}$ 表示控制变量，α_0 为常数项，α_i（$i = 1$，2，$\cdots$，7）为回归系数，ε_{it} 为随机扰动项。

（3）实证分析。

①描述性统计。对数据进行描述性统计，结果如表 5.6 所示。从表中可以看出，劳动生产率、劳动力成本、固定资产投入水平、技术投入水平在制造业各细分行业之间有较大的差距，而受教育程度的标准差较小，这跟行业发展要求有密切的联系。其中，像一些电子设备制造业、材料制造业等技术密集型产业资本投入较多、更需要的是高素质人才，劳动力成本、劳动效率也就相比其他行业高；而对于一些手工制造业，这些衡量指标较低一些。

表5.6　　　　　　　　　　各变量数据描述性统计

变量名称	样本量	均值	标准差	最小值	最大值
劳动生产率（y）	286	13.00675	1.816761	10.7036	19.5826
劳动力成本（w）	286	10.75272	0.4136203	9.7792	12.1941
固定资产投入水平（k）	286	17.31226	1.032273	14.432	19.0698
技术投入水平（Te）	286	14.05574	1.32874	10.6057	17.0134
人力资本投入水平（ED）	286	2.383336	0.0335	2.3153	2.4168

②回归结果分析。在回归前应先进行相关性检验，防止实证结果受到变量间多重共线性的影响检验结果，如表5.7所示。

表5.7　　　　　　　　　　相关性检验结果

	y	w	k	te	ed
y	1.0000				
w	0.5599 ***	1.0000			
k	0.0826	0.1650 ***	1.0000		
te	0.2103 ***	0.3808 ***	0.8047 ***	1.0000	
ed	0.2796 ***	0.7557 ***	0.4045 ***	0.3705 ***	1.0000

注：*、** 及 *** 分别表示在10%、5%和1%的水平下显著。

根据各变量间的相关系数可以看出，本研究设置的变量相对独立，不存在严重的多重共线性。此外，劳动力成本（w）、人力资本投入水平（ed）与劳动生产率（y）的相关系数均通过了显著性检验，说明劳动力成本、人力资本投入水平对劳动生产率分别具有显著的正向影响，结论仍需进一步验证。

相关性检验是只考虑两两变量间的关系，而模型中共线性的问题还需要进行VIF检验。各模型变量检验结果的方差膨胀因子VIF值如表5.8所示。各变量的方差膨胀因子均较小，并且 Mean Vif 值远远小于 10。因此，回归模型中不存在多重共线性问题。

表 5. 8　　　　　　　　　　　多重共线性检验结果

变量	VIF	1/VIF
w	3. 60	0. 277991
k	4. 42	0. 226196
te	4. 16	0. 240160
Ed	3. 46	0. 289306
Mean VIF	3. 91	

回归结果如表 5.9 所示。

表 5.9　　　　　　　　　　　回归结果

变量	(1)
w	1. 272 *** (0. 355)
k	0. 167 * (0. 0940)
te	− 0. 342 *** (0. 0861)
Ed	53. 99 *** (4. 004)
Constant	− 123. 6 *** (5. 899)
Observations	286
R^2	0. 987

注：* 、** 及 *** 分别表示在 10% 、5% 和 1% 的水平下显著。

根据回归结果可以看出，方程（5.1）拟合优度 R^2 为 0.987，方程的拟合程度较好，解释变量总共解释了 98.7% 的信息，并且回归模型通过显著性检验，该回归方程线性关系显著。回归结果分析如下：

劳动力成本与劳动生产率 1% 水平上显著在正相关。当劳动力成本上涨一个单位时，可促使制造业劳动生产率上涨 1.272 个单位。根据系数得出，制造业劳动力成本的每增加一个单位，制造业劳动生产率增加 1.852 个单位。同时，对比加入控制变量前后回归结果发现，劳动力成本上升对劳动生产率存在积极影响这一结论具有良好的稳定性，同时，在加入控制变量后回归方程的拟合优度增加。也就意味着劳动力成本的变化使得制造业丧失成本优势，但是可以促进劳动生产率的提高进而维持自身的核心竞争力，继续占据市场的有利地位，加快行业的转型升级。

固定资产投入水平与劳动生产率在 10% 水平上显著正相关。当增加一个单位的固定资产投入时，可以促使制造业劳动生产率上涨 0.167 个单位。企业投入生产设备、厂房等固定资产，可在较长一段时间内维持企业的再生产，因此固定资产投入也是衡量企业生产投入的指标。一般情况下，资产投入越多，生产能力越强，产出水平也就越高，固定资产投资规模在一定程度上决定了生产效率。但也要注意，在一定时期内，企业究竟能够承受多大的固定资产投资规模，而不致影响企业现有的生存，也是有一个限度的。

人力资本投入水平与劳动生产率在 1% 水平上显著正相关。人均受教育年限变动对制造业劳动生产率的影响较大，人力资本投入每增加一个单位，即人均受教育年限增加一个年度，劳动生产率会提高 53.99 个单位。从劳动力成本的上涨影响因素分析中可以看出，工作环境、工作机制以及工资的上涨会使劳动者有更多的时间精力投入学习中去。在行业转型升级的大背景下，也会使越来越多的企业注重技术型人才的培养，带动整个社会形成积极向上的学习氛围，实现人力资本的价值，带动行业效率水平的提高。

稳健性检验部分，我们采取缩短样本期间的方法，分别使用 2010～2019 年、2011～2019 年、2012～2019 年的数据再次进行回归分析，看回归结果是否存在稳健性。基于不同时间段制造业各行业样本数据的回归结果，劳动力成本、固定资产投入水平、技术投入水平以及人力资本投入水平对劳动生产率的影响与基本回归结果一致，其中固定资产投入水平对劳动生产率的显著性水平增强，由在 10% 水平上显著变为在 5% 水平上显著。表明基准回归结果具有稳健性，这进一步验证劳动力成本上升有助于制造业劳动生产率水平的提高。

（4）小结。

通过实证检验了劳动力成本上涨会对促进劳动生产率的提高，同时在经济快速发展，企业用工成本增长，还可以通过增加固定资产投入以扩大企业生产规模，强化员工素质教育来缓解成本增长带来的生存压力，实现劳动生产效率的进步。

任何事物都有两面性，劳动力成本也不例外。劳动力成本的上涨不会只给企业带来消极的影响，要理性地看待劳动力成本上涨问题。工资的上涨使得劳动者可利用收入的不断增多，人们可能会放弃低端商品，增加对中高端产品的需求，提高居民消费水平和生活质量的同时，引发产品结构的变革。有远见的企业也因此会放弃附加值低的产品市场，转而投产于需求较大的中端产品市场，从而推动了整个行业从劳动密集型产业向资本密集型产业和技术密集型产业。行业转型升级的另一大动力效率，企业不断更新技术设备，团队技能水平以及协作能力的提升促进制造业企业劳动生产率得到显著提升。较低的工资水平虽然可以有效地较低企业成本，但是依靠廉价劳动力成本的发展战略只能使行业停留在机械化制造业，阻碍制造业的发展。因此，要将企业员工、技术、设备等要素的结合缓解劳动力成本上涨给企业经济效益带来的冲击。

促进制造业劳动生产率的提高还需要政府、企业、劳动者的共同努力，要根据不同产业存在的问题，采取针对性措施，对于劳动密集型产业应减少对低廉劳动力的使用；对资本密集型产业放开市场准入机制，引入民间资本，增强市场竞争活力；对于技术密集型产业要继续加大研发经费的投入，不断向高技术企业输送人才。针对不同行业具体存在的问题和薄弱环节采取不同的政策，有的放矢地解决问题，促进制造业更好更快发展。

2. 劳动力成本上涨对制造业经济贡献的影响研究

（1）变量选取与数据来源。

①被解释变量－行业贡献率。对于劳动力成本上涨影响制造业转型升级的路径二，即"劳动力成本—制造业经济贡献—制造业转型升级"，选取行业贡献率作为被解释变量。在国民经济发展过程中，每个行业的贡献率是不同的，为了清晰比较行业对经济进步的促进作用，引入行业贡献率指标。对于各种因素贡献率的研究由来已久，主要测算方法分为两大类：一种是通过现有时间序列模型进行分析，另一种是传统的贡献率测算方式。本书采用传统的测算方式计算制造业各行业的贡献率，即行业贡献率＝制造业某行业工业增加值/第二产业国内生产总值。其中，制造业各行业工业增加值还是通过《中国工业统计年鉴》以及新浪财经网站公布的行业增加值累计增长率计算得出，第二产业国内生产总值来自《中国统计年鉴》。

②解释变量－劳动力成本。用制造业城镇单位就业人员平均工资来表示。

③控制变量。该实证部分选择以下指标作为模型的控制变量：

行业规模是指行业所拥有各类资源要素的总量，本书选取《中国工业统计年鉴》中规模以上行业的资产总额作为控制变量。

行业成长性是指以企业现在拥有的资源为基础，预测未来年度企业对其资源的利用程度以及所能达到的生产水平，也就是对企业未来发展状况的预估。本书使用《中国工业统计年鉴》中规模以上行业的利润总额增长率来衡量成长性。利润总额增长率＝（上年利润总额－本年利润总额）/本年利润总额×100%。

各变量处理及数据来源统计如表5.10所示。

表 5.10　　　　　　　　　　变量解释及数据来源

变量符号	变量名称	变量处理	数据来源
y	行业贡献率	无	《中国工业统计年鉴》《中国统计年鉴》
w	劳动力成本	原始数据取对数	《中国劳动统计年鉴》
x	行业规模	原始数据取对数	《中国工业统计年鉴》
g	行业成长性	无	《中国工业统计年鉴》

（2）模型构建。

参照上述劳动力成本对劳动生产率的影响研究，本部分模型引入影响制造业行业贡献率的控制变量，主要有行业规模、行业成长性，进一步探究劳动力成本与行业贡献了之间的关系。

$$y_{it} = \beta_0 + \beta_1 \ln w_{it} + \beta_2 Control_{it} + \delta_{it} \qquad (5.2)$$

其中，y_{it} 表示第 i 行业第 t 年的行业贡献率，w_{it} 表示 i 行业 t 年的劳动力成本，$Control_{it}$ 为控制变量，β_0 为常数项，$\beta_i (i = 1, 2, \cdots, 7)$ 为回归系数，δ_{it} 为随机扰动项。

（3）实证分析。

①描述性统计。各变量数据描述性统计如表 5.11 所示。

表 5.11　　　　　　　　　　各变量数据描述性统计

变量名称	样本量	均值	标准差	最小值	最大值
y	286	0.015235	0.0138111	0.0018	0.067
w	286	51056.59	23744.75	17663	197628
x	286	21189.33	19322.25	107	105152.6
g	286	0.1297808	0.5906629	-1.93	8.3813

从描述性统计结果中可以看出，由于行业贡献率的分母第二产业国内生产总值较大，该指标仅介于0.18%～6.7%，各行业对劳动、资本、技术这三大生产要素的要求不同也就导致了劳动力成本、行业规

模存在较大差距。同时，有些行业在某些年度利润总额出现负增长，这可能是经济环境的不稳定、改变经营战略引起的。

②回归结果分析。相关性检验结果如表 5.12 所示。

表 5.12   相关性检验结果

	y	w	x	g
y	1.0000			
w	0.2406 ***	1.0000		
x	0.7068 ***	0.1920 ***	1.0000	
g	− 0.0025	− 0.1330 **	0.0050	1.0000

注：* 、** 及 *** 分别表示在 10% 、5% 和 1% 的水平下显著。

由相关性检验结果可以看出，变量之间相对独立，不存在严重的多重共线性。此外，劳动力成本（w）、行业规模（x）与行业贡献率（y）的相关系数均通过了显著性检验，说明劳动力成本和行业规模对行业贡献率分别具有显著的正向影响，结论仍需进一步验证。

各模型变量检验结果的方差扩大因子 VIF 值如表 5.13 所示。从多重共线性检验结果可以看出，各变量的 VIF 值介于 1.00 ~ 1.03，远远低于 10。因此，回归模型中不存在多重共线性问题。

表 5.13   多重共线性检验结果

Variable	VIF	1/VIF
w	1.06	0.945209
x	1.04	0.962202
g	1.02	0.981349
Mean VIF	1.04	

各变量对行业贡献率的回归结果如表 5.14 所示。

表 5.14　　　　　　　　　　　回归结果

变量	（2）
w	0.00302 ** (0.00146)
x	0.0100 *** (0.000577)
g	0.00218 (0.00180)
Constant	− 0.113 *** (0.0154)
Observations	286
R^2	0.549

注：*、** 及 *** 分别表示在 10%、5% 和 1% 的水平下显著。

　　根据回归结果可以看出，方程（5.2）拟合优度 R^2 变为 0.549，即方程（5.2）的各个变量解释了 54.9% 的信息，该方程拟合程度较好且通过了显著性检验。回归结果分析如下：

　　劳动力成本与行业贡献率在 5% 水平上显著正相关。制造业劳动力成本的每增加一个单位，由此可以带动行业贡献率增加 0.302%。并且在加入控制变量前后劳动力成本对行业贡献率均存在积极的影响，说明了这一结论具有良好的稳定性。该结论证明了劳动力成本的大幅增长并没有阻碍制造业各行业的发展，反而促进各行业在付出较大用工成本的同时，充分利用每个劳动力的作用，给整个产业的经济增长做出了贡献，尤其是一些行业贡献率较高的产业，比如计算机电子设备制造业、金属加工业，必然会受到政府经济以及政策的扶持，有些企业为了寻求政府的帮助会向这些产业转型，对整个行业的发展也产生了影响。

　　行业规模与行业贡献率在 1% 水平上显著正相关。资产投入的每增加一个单位，制造业行业贡献率增加 1%。一个行业规模取决于其流动资产、固定资产、无形资产的规模。规模越大的行业，其利用资产进行再生产的能力就越强，工业总产值也就随之增加，对制造业、第二产业乃至整个国民经济的发展都有极大的推动作用。

行业成长性与行业贡献率正相关，但并不显著。根据系数得出，利润总额增长率的每增加一个单位，行业贡献率增加 0.0218%。一方面，各行业支付的税费、股东现金股利较多，使得利润总额较大的情况下对行业生产总值的贡献较小。另一方面，第二产业中其他行业对经济的发展贡献较大，对比之下，也使得制造业行业贡献率不显著。

稳健性检验部分我们采用新的被解释变量衡量方法，用制造业各细分行业工业增加值占整个国民生产总值的比例来衡量行业贡献率，并且稳健性检验通过。劳动力成本、行业规模以及行业成长性对行业贡献率的影响与基本回归结果一致，即劳动力成本、行业规模对行业贡献率的积极促进作用仍在原有水平上显著，行业成长性对行业贡献率的正向促进作用仍不显著。表明基准回归结果具有稳健性，也就进一步证明了劳动力成本上涨有助于行业贡献率的提升。

（4）小结。

通过实证分析，我们可以看出劳动力成本上涨使得行业的贡献率进一步提高，劳动力成本不断上涨的这种大趋势，工资和就业增长刺激了居民消费，在强劲的内外部需求推动下，中国的国内生产总值在增长，制造业行业贡献率也在增长。

一方面是因为行业的扩张推动了投资，特别是对创新的投入。在劳动力成本上涨的冲击下，实施创新发展战略的企业会以先进的生产技术、新颖的产品设计占领较大的市场份额，有利于企业开辟新的市场，提高企业的核心竞争力。在市场和消费者需求不断变动的环境下，研发经费自主支出较大的行业才能根据市场和消费者的动态迅速做出反应。同时，新设备、新技术的引入也会在降低生产经营成本方面发挥作用。因此，重视创新、加大研发投入不仅能够促进行业的持续发展，还能够提高企业产出水平。

从长期来看，劳动力成本的增长会使利润分化。越是低端产业，受冲击越大，这些产业或倒闭或转向内陆偏远地区。竞争力较强的高端制造业则会继续发展。这对中国整个行业的发展来说，这是促进行业发展到下一阶段的重要推动力，并且高端产业的优势在一定时期内依然能够保持。此外，在增加资产投入、技术投入的情况下，制造业劳动生产率增速可望高于劳动力成本上涨的速度，通货膨胀亦有望避免。

我国制造业转型升级的必然趋势就是劳动密集型制造业向资本密集型、技术密集型产业。一个行业要想得到充足的发展，必须摆脱效率低下的现象，传统意义上的劳动密集型制造业生产的产品大多数依赖于手工制作，不借助先进的生产设备和技术，因此产品附加值较低、生产效率低。国家和行业应该大力倡导劳动密集型行业引入新技术、新设备，通过劳动力生产要素与技术的融合，使传统的劳动密集型产业生产方法、生产流程得到改善，提高产品的技术含量和附加值，加快向资本和技术密集型制造业发展。

5.5　本 章 小 结

中国制造业的发展不仅依赖于中国稳定的经济环境，还取决于中国丰富的劳动力资源。低廉的劳动力成就了我国制造业的"中国优势"，使中国成为世界"制造大国"。伴随着经济的增长，这种成本优势逐渐消退，企业用工成本在逐年上升。因此，本章着眼于制造业，分析了 2009～2019 年该行业劳动力成本上涨情况，并探究了劳动力成本上涨对制造业转型升级的影响。

首先从企业类型、行业、地区三个角度分析了制造业劳动力成本的差异。从不同类型企业来看，虽然国有企业和非国有企业就业人员平均工资均呈现上涨趋势，但由于国有企业相对稳定，有强大的资金支持，福利待遇较好等，国有企业平均工资始终高于非国有企业；从不同制造业行业来看，像医药制造业、运输设备制造业等中高端行业近几年工资涨幅较大，远远超过低端行业，这种工资差异是由行业生产特点以及对要素资源的不同要求引起的；同时我国劳动人员的工资水平存在着明显的地区差异，这与地区经济状况紧密相关。

导致劳动力成本上涨的因素中既有内在因素又有外在因素。本章从劳动力供求关系、劳动者权益保护措施的完善、生活水平的增加和消费水平的提高分析了影响劳动力成本上涨的外在因素，同时，劳动者自身技能水平和受教育水平促进了企业产出水平的提高，劳动者维权意识的增强减少了拖欠劳动者工资、长期压榨劳动者工资现象的发生，也对劳动力成本产生影响。

在研究劳动力成本上涨对制造业转型升级的影响中，借鉴以往学者的研究，总结了两个劳动力成本对制造业转型升级的影响路径，从"劳动力成本—劳动生产率—制造业结构升级"，"劳动力成本—经济贡献—制造业结构升级"两个路径探讨发现劳动力成本上涨对制造业劳动生产率、经济贡献均有正向促进作用，间接影响了制造业结构的转型发展。

本章的研究结论对制造业劳动力成本管理以及转型升级具有一定的政策启示。第一，劳动力成本具有明显的企业差异、行业差异和地区差异，在缓解劳动力成本上涨对经济增长的负面影响方面，不能采取"一刀切"措施，要结合企业、行业、地区特点制定针对性措施。第二，要把着重点放在行业设备、技术水平以及研发投入上，促进行业生产率的提高，推动行业和经济发展，加快劳动密集型行业向资本密集型、技术密集型行业转型。第三，由于制造业行业发展状况不同，劳动力成本上涨会影响行业的转型升级；由于地区发展的差异性，劳动力成本上涨会实现行业地区之间的转移。因此要重视劳动力成本上涨对制造业行业发展的积极作用，继续维持我国制造业的大国地位，为中国制造业行业结构调整提供新的发展机遇。

第6章

制造业转型升级与劳动力成本上涨的演变分析

6.1 我国制造业转型升级差异分析

为了更好地把握各个细分制造业类型的不同特点,制造业产业发展不断细化,针对不同细分行业进行研究,以提出更有效的对策建议,以下部分对不同区域、不同行业、不同类型角度我国制造业转型升级的差异进行探究,实现区域联动,转型是向服务化、创新驱动、绿色低碳化方向可持续发展,基于现在国内外文献的研究内容,对各个细分制造业在 2009~2019 年的制造业转型升级绩效进行准确的评价,主要来评价制造业转型的效益、智能化和创新度以及绿色程度和转型效率。

6.1.1 不同区域制造业转型升级差异分析

我国经济长期以来东强西弱,因为不同地区有不同的环境和条件,各省有各省的优势资源,其政府支持力度、经济条件、技术水平和文化差异等等,存在区域局部一致性,各地区数量分散较为明显,呈阶梯化状态,不同区域之间目前存在着差距,因此在制造业的转型升级上也有不同的路径方式和成果。

1. 东部地区制造业

东部地区（包括河北、北京、天津、山东、江苏、上海、浙江、福建、广东、海南、辽宁、吉林、黑龙江）资本、技术、人力等资源都相对来说更为发达，东部地区是对外开放最早的区域，具有一定区位优势，市场自由度高，基于其良好的基础配套设施，交通条件便利，城市功能丰富，制造业产品运输时间短效率高，能够在产品运输网络上实现互联互通，在新政策的贯彻落实、技术创新投入经费、对自主创新的支持、公共服务的完善等方面助力了制造业的转型升级。东部长三角区域多年以来是制造业基地，我国制造业的竞争力水平更多取决于东部地区，基于产业发展的角度，东部沿海地区的制造业发展大多处于后工业化阶段或工业化后期，中西部地区相对而言处于工业化加速发展阶段，东部地区目前为止已经积累了很多成功的经验，比如广东制造业，广东是制造业大省，有比较成熟的区域产业体系，包括富士康、丰田、华为、TCL、格力、大族激光、康佳等代表性的制造产业。基于近些年研发投入的数额逐渐加大，分别投入在研发基础设施、高精尖人才等等方面，全省的专利以及新产品如雨后春笋般增长，创新能力持续提升，同时产出的质量也很可观，在省内推出一系列增值税和所得税额的优惠政策，以丰厚的薪资水平吸引相关人才落户，并在财政支持上对研发创新体系的建设上积极推动，鼓励企业开发创新，旨在提高企业核心竞争力，并在多方面做出辅助政策，比如《广东省降低制造业企业成本支持实体经济发展若干政策措施》《广东省支持企业"上云上平台"加快发展工业互联网的若干扶持政策（2018～2020年)》《广东省加快5G产业发展行动计划（2019～2022年)》等，提出5G＋智能制造助推粤制造业转型升级，将生产制造链数字化、智能化、机械化、网络化、趋势化，促进区域协同和产业聚集，在广东省的近些年政府工作报告中，提出未来将继续借助技术大力促进制造业高质量发展，在这些政策落实的过程中，三年累计为企业直接降成本超过 2000 亿元。广东省数字升级的制造业产业带，占比超过全国的 30%，根据广东省工业和信息化厅有关负责人表示，未来在转型升级的基础上，将继续往制造业技术创新、绿色产业方面发展。上海也通过多方面政策保持创新动力，比如建立重点领域产业基金、产业示范基地，提高产业链全要素增加值，提高全要素生产率。山东则通过淘汰落后产能，聚焦制造业强势产业高端化，优化重工业制造业产业布局，提高质量效益，特别在制造业新旧动能转换方面取得较大成效，新业态经济增加值占全地区生产总值在 2019 年达到 28%，比 2016 年数值提高 6%，并且发展势头迅猛，在 2020 年突破 30%。

2. 中部地区制造业

中部地区（山西、湖北、湖南、安徽、河南、江西六省）相对于东部地区专业升级起步较晚，目前发展相对落后，政府的支持力度对制造业的转型来说影响更大，在 2019 年举办的推动中部地区崛起工作座谈会上，中部地区的一揽子政策将进一步促进中部各省份制造业发力。作为东部和西部的衔接，同时连南接北，中部地区吸收了东部地区很多产业内容，这些产业内容更多的是低经济附加值，自主创新能力不强，特别在运输设备制造业、资源加工型制造业上有优势。中部地区目前主要分为两个产业聚集，一是围绕长江中游周边的各个省份，二是中原地区城市，湖北出台《关于落实促进中部地区崛起战略推动高质量发展的意见》，主攻集成电路、智能制造等制造业，以发展先进制造业来培育制造业支柱企业，太原和洛阳则是装备制造产业集群做出了产业突破，基于资源因素发掘优势制造业，煤炭、矿产资源丰富，所以在制造业转型升级的测度上关注绿色去产能、减少无限供给是非常有必要的，在山西推进了国家资源型经济转型综合配套改革试验区建设和能源革命综合改革试点。河北的主导产业是工业，工业的重要组成部分是制造业，重工业占比高于轻工业，在对河南的制造业转型升级的观察中，发现重型机械行业所服务的下游行业需求连续下跌，因此在产业转型升级中从"卖产品"转变到"卖服务"，向综合服务商的模式转变，作为传统老工业的河南平煤神马集团，在制造业转型升级的历程中，最初的产业链较短，简单地把煤开采出来，更多的是作为燃料供应在市场中出售，近些年来把产业链拉长，将煤作为原材料进行深加工，明显地提高了产品附加值，发展了高纯硅烷气、电子级多晶硅、高效单晶硅电池片等高端产品，拓宽了产业链的深度和广度。

3. 西部地区制造业

西部地区（包括陕西、内蒙古、广西、重庆、四川、宁夏、贵州、云南、甘肃、新疆、江西、西藏）由于交通便利程度、技术水平、优质人力资源等诸多外部地区限制及历史遗留问题，制造业配套能力不强，制造业转型升级的发展进程缓慢，不能有效地满足需求，西部地区承担了很多我国资源储备的部分，西部地区的优势在于资源，"西气东输""西电东送"等多个项目实现了我国资源共享。西部地区在航空航天设备制造等方面占有优势，西部地区因其相对低廉的劳动力成本承接了东部地区一些流水线产品，传统的制造业模式在西部地区经济发展中占主体地位，基本以劳动密集型企业为主，现在包括今后的一段时间内，西部地区的制造业在经济发展和社会稳定中将继续起着举足轻重的作用，目前结合西部地区的实际情况，重点选择一些有发展潜力的产业和产品，轻工业和重工业比例恰当，西部地区各省份制造业充分利用西部低劳动力成本、低土地成本、能源丰富等优势的基础上，大力发展劳动密集型产业，另外在努力推动西部产业结构升级，即由劳动密集型向资源型产业升级，加快西部制造业发展，优化区域产业链布局，引导产业链关键环节留在国内，强化中西部和承接产业转移能力（第十四个五年规划和 2035 年远景目标纲要，2021[88]）。

以下分别选取东中西代表省份进行分析，如表 6.1 所示，从 2009 ~ 2019 年各省的制造业产成品价值、制造业产业利润总额和制造业增加值来看，十年间各省的制造业取得了不小的发展和突破。广东作为制造业大省，三个数值在八省当中排名第一，发展的速度也是最快的，产

表 6.1　八省份制造业产成品、制造业利润总额和增加值的比较

单位：亿元

省份	项目	2009 年	2010 年	2011 年	2012 年	2013 年	2014 年	2015 年	2016 年	2017 年	2018 年	2019 年
广东	产成品	2268.42	2832.58	3268.31	3525.3	3787.52	4348.8	4551.81	4982.36	5700.22	5858.8	6417.63
	利润总额	4204.4	6239.64	5872.23	5464.9	6496.42	7014.99	7723.16	8383.04	8864.36	8309.7	9140.48
	增加值	18128.48	21387.71	24460.73	25526.22	27142.1	29497.8	31315.46	32677.94	35343.97	37651.05	39141.8
江苏	产成品	2676.61	3042.05	3655.22	3986.09	4214.89	4412.1	4596.18	4787.06	5154.21	5534.3	5684.82
	利润总额	4099.58	5970.56	7074.44	7250.2	8379.5	9057.17	9686.84	10574.4	10052.54	8491.9	6855.03
	增加值	16570.31	19382.18	22313.47	23942.24	25564.39	27154.52	28802.63	30291.36	33782.61	36113.22	37225.7
山东	产成品	2046.77	2248.5	2690.03	3112.01	3374.64	3987	4519.33	4576.06	4845.99	4458.4	4242.07
	利润总额	4512.66	6107.99	7097.71	8016.35	8715.36	8843.91	8660.48	8820.02	8128.17	4872.2	3652.74
	增加值	13998.52	15449.95	17280.78	18421.9	19475.3	20178.23	21156.5	21695.98	22515.81	22613.01	22755.1
河南	产成品	691.7	767.84	961.53	1155.59	1256.49	1339.1	1654.22	1758.07	1724.18	1668.4	1549.95
	利润总额	2444.18	3302.22	4131.59	4016.39	4543.07	4946.19	4900.6	5240.61	5352.43	3053.4	3547.88
	增加值	9064.9	10584.6	12153.7	12868.7	13441.5	14229.3	14797.6	15536.8	16741.4	17323.41	17938.2
湖北	产成品	630.56	816.69	957.07	1142.16	1375.49	1521.4	1618.27	1670.99	1666.94	1591.1	1592.89
	利润总额	1092.47	1668.55	1866.26	2046.28	2475.07	2402.63	2456	2713.46	2608.03	2755.4	3049.57
	增加值	5212.66	6750.66	8551.19	9771.03	10227.36	11174.22	11677.26	12480.47	13431.59	14849.55	15707.6

续表

项目	省份		2009 年	2010 年	2011 年	2012 年	2013 年	2014 年	2015 年	2016 年	2017 年	2018 年	2019 年
	湖南	产成品	432.43	534.97	597.86	717.17	747.26	847	910.61	958.42	1000.93	1012.2	1073.13
		利润总额	758.48	1451.45	1832.99	1790.96	2047.87	1688.3	1808.7	2028.59	2093.98	1726.9	2227.27
		增加值	4565.66	5913.41	7535.54	8423.06	9179.73	9859.94	10458.8	10540.12	10709.81	10785.57	11995.8
	四川	产成品	693	769.98	948.3	1098.21	1201.21	1240	1310.36	1360.09	1359.77	1429.9	1496.96
		利润总额	1123.7	1661.85	2197.84	2333.76	2328.99	2237	2171.26	2339.82	2824.26	2717.9	3036.89
		增加值	5621.3	7032.9	8457.4	9408.5	10309	10703.8	10735	10790.9	11437.8	12360.1	13165.9
	陕西	产成品	433.08	521.55	648.45	749.12	793.17	762.4	850.77	886.25	929.59	947	1069.22
		利润总额	854.11	1469.57	1976.31	2057.22	2151.37	1877.44	1441.3	1589	2274.43	2436.3	2360.44
		增加值	3339.81	4271.78	5513.91	6505.2	7156.94	7632.39	7103.3	7226.93	8232.88	9088.1	9459.9

资料来源：2009～2019 年《中国统计年鉴》。

量丰富，十年间翻了三倍，产成品值从 2009 年的 2268.42 亿元上涨到了 2019 年的 9140.48 亿元，江苏和山东两省也呈相同的趋势，与中部地区相比，广东的产成品产值约等于河南河北和湖南三省的制造业产成品总值，新疆、西藏等由于产业数据不能代表西部地区制造业的平均情况，在西部各省份的选区中选取了四川和陕西两个制造行业相对发达的省份，四川产成品值从 2009 年的 693 亿元上涨到 2019 年的 1496.96 亿元，利润总额从 1123.7 亿元上涨到 3036.89 亿元，增加值从 5621.3 亿元上涨到 13165.9 亿元，近年来也是取得了很大的发展。

　　基于图 6.1 中国电子信息产业发展研究院发布的《2021 制造业高质量发展白皮书》，在制造业转型中质量的高低直接影响着转型的效率，在 2019 年度中前十个制造业高质量发展的省份中东部有七个，中部地区有三个，中部地区在过去十年中发展进步较大，在 2015 年的前十榜单，湖北、湖南、安徽未上榜，在 2019 年中有了新的发展前三质量指数分别是广东 81.23，江苏 68.81，浙江 61.8。

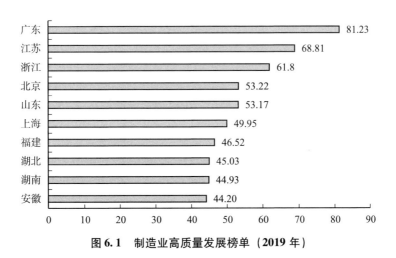

图 6.1　制造业高质量发展榜单（2019 年）

资料来源：《2021 制造业高质量发展白皮书》。

　　从图 6.2 制造业高质量发展创新水平榜单中来看，东部地区具有绝对优势，在近 5 年来的创新水平榜单中，有八个城市非常稳定，连续多年上榜，在 2019 年中前六属于东部地区，之后是安徽、湖北、湖南三个中部地区，最后重庆属于西部地区。

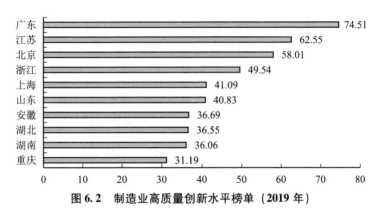

图 6.2 制造业高质量创新水平榜单（2019 年）

资料来源：《2021 制造业高质量发展白皮书》。

由表 6.2 的 2019 年中国 500 强企业省份数量表可知，东部沿海地区 500 强上榜数量最多，中部次之，西部最少，与上述对制造业产成品、利润率和增加值以及各个榜单中的数据反映出来类似的信息，广东拥有全国 10% 数量的 500 强企业数量。

表 6.2　　　　　　　2019 年中国 500 强企业省份分布

省份	本省份 500 强企业数量	省份	本省份 500 强企业数量
北京	98	福建	13
广东	59	湖北	10
山东	50	安徽	10
江苏	48	山西	9
浙江	43	辽宁	9
上海	31	河南	9
河北	23	陕西	8
四川	14	江西	8
重庆	14	云南	7

省份	本省份 500 强企业数量	省份	本省份 500 强企业数量
广西	6	贵州	1
湖南	6	青海	1
新疆	6	吉林	1
甘肃	5	宁夏	1
天津	5	黑龙江	1
内蒙古	4		

注：500 城市划分按总部地址计算。
资料来源：据中企协 500 强榜单数据整理（港澳台地区未计入）。

制造业竞争力中企业实力是发展的基础，在 2019 年的数据中，如表 6.3 所示，可以非常直观地评价前十大省份的制造业高质量发展之企业实力指数，在这里同样呈现东、中、西部的阶梯化，东部地区竞争力强占大多数，广东以 78.59 位居第一，其中广东、浙江、江苏、山东、北京、福建均属于东部地区。

表 6.3　　　　制造业高质量发展之企业实力（2019 年）

地区	制造业企业实力指数
广东	78.59
浙江	65.95
江苏	59.97
山东	54.31
北京	26.50
安徽	18.74
河南	17.88
福建	17.55
湖北	17.51

资料来源：《2021 制造业高质量发展白皮书》。

6.1.2 不同行业制造业转型升级差异分析

放眼全世界，我国是世界上制造业行业体系最完整的国家，也是制造业规模最大的国家，不同细分行业的制造业转型升级路径不同，表现形式也不同，每个细分制造业的发展程度参差不齐，面临的问题也有所不同，从不同行业来划分制造业是非常有意义的。

制造业下面细分的行业众多，如表 6.4 所示，39 个工业大类、191 个中类、525 个小类，在整个制造业转型升级中运用单一的标准来衡量是不科学的，在《中华人民共和国国民经济和社会发展第十四个五年规划和 2035 年远景目标纲要》第八章中指出，在制造业强国的战略实施中，对细分制造业做出了不同的规划，首先重点培育先进制造业，推动计算机、通信和其他电子设备制造业，电气机械和器材制造业，铁路、船舶、航空航天和其他运输设备制造业，医药制造业等产业创新发展。制造业转型升级程度在这里用近十年各个细分制造业企业专利申请平均数、R&D 内部经费支出、新产品销售收入来显示各个细分行业制造业转型升级的趋势和程度。

表 6.4　　　　　　　　　　制造业行业细分

代码	制造行业细分名称
C13	农副食品加工业
C14	食品制造业
C15	酒、饮料和精制茶制造业
C16	烟草制品业
C17	纺织业
C18	纺织服装、服饰业
C19	皮革、毛皮、羽毛及其制品和制鞋业
C20	木材加工和木、竹、藤、棕、草制品业
C21	家具制造业

代码	制造行业细分名称
C22	造纸和纸制品业
C23	印刷和记录媒介复制业
C24	文教、工美、体育和娱乐用品制造业
C25	石油、煤炭及其他燃料加工业
C26	化学原料和化学制品制造业
C27	医药制造业
C28	化学纤维制造业
C29	橡胶和塑料制品业
C30	非金属矿物制品业
C31	黑色金属冶炼和压延加工业
C32	有色金属冶炼和压延加工业
C33	金属制品业
C34	通用设备制造业
C35	专用设备制造业
C36	汽车制造业
C37	铁路、船舶、航空航天和其他运输设备制造业
C38	电气机械和器材制造业
C39	计算机、通信和其他电子设备制造业
C40	仪器仪表制造业
C41	其他制造业
C42	废弃资源综合利用业
C43	金属制品、机械和设备修理业

资料来源：国民经济行业分类（2019 修改版）。

　　进行研发资金的投入以及产业流程的优化产生出来的新产品是制造业转型升级的表现，在产生了新产品的基础上，新产品能否拉动行业收入，关系到制造业转型升级是否足够有效率能提高效益，效率体现制造业转型升级水平。如表 6.5 所示，新产品销售收入的计算结果显示，计算机、通信和其他电子设备制造业、汽车制造业、电气机械和器材制造业、化学原料和化学制品制造业、通用设备制造业新产品销售收入较高，在国家产业政策和行业高速增长的推动下，几个产业技术性高的细分行业发展势头最为猛烈，具有产业链长、工艺面广、规模化生产需求、成本控制的多方面要求（李颖和李浩宁，2021[89]）。

表 6.5　　　　　　　　2009~2019 年新产品销售收入均值　　　　　单位：亿元

指标	新产品销售收入	指标	新产品销售收入
计算机、通信和其他电子设备制造业	31215.94	造纸和纸制品业	1902.55
汽车制造业	21849.39	仪器仪表制造业	1889.48
电气机械和器材制造业	17425.39	化学纤维制造业	1829.03
化学原料和化学制品制造业	10236.26	纺织服装、服饰业	1628.13
通用设备制造业	8358.93	烟草制品业	1442.80
黑色金属冶炼和压延加工业	8158.65	食品制造业	1305.96
专用设备制造业	6538.57	文教、工美、体育和娱乐用品制造业	1196.52
有色金属冶炼和压延加工业	6096.05	酒、饮料和精制茶制造业	1142.06
铁路、船舶、航空航天和其他运输设备制造业	5743.69	煤炭开采和洗选业	884.01
纺织业	4150.52	皮革、毛皮、羽毛及其制品和制鞋业	860.76
医药制造业	4090.02	家具制造业	709.88
金属制品业	3697.19	印刷和记录媒介复制业	640.59
橡胶和塑料制品业	3634.30	木材加工和木、竹、藤、棕、草制品业	489.67
非金属矿物制品业	3312.71	其他制造业	264.05
农副食品加工业	2665.32	有色金属矿采选业	214.25
石油、煤炭及其他燃料加工业	2518.89	金属制品、机械和设备修理业	178.73

指标	新产品销售收入	指标	新产品销售收入
非金属矿采选业	88.47	黑色金属矿采选业	50.15
石油和天然气开采业	79.94		

资料来源：2009~2019 年《中国统计年鉴》。

在刘伟和童健（2016）等学者的相关领域文献研究中，将专利申请数作为衡量制造业转型升级的创新产出指标的标准，专利是企业进行研发最终表现出来的成果，包括发明、实用新型外观专利等，能够促进企业发展，带来更高水平的收益，企业的活力更高，专利数量多的企业，能够通过自己的产品来占领市场。由表 6.6 可知，计算机、通信和其他电子设备制造业、电气机械和器材制造业、专用设备制造业、通用设备制造业、汽车制造业五大行业专利申请数量最多，这五个行业相对来说专业技术要求高。

表 6.6　　　　　　**2009~2019 年专利申请数均值**　　　　单位：件

指标	数量	指标	数量
计算机、通信和其他电子设备制造业	121757.11	橡胶和塑料制品业	21013.75
电气机械和器材制造业	106282.44	仪器仪表制造业	20968.67
专用设备制造业	59697.00	非金属矿物制品业	19776.67
通用设备制造业	58769.89	医药制造业	15629.82
汽车制造业	51120.50	纺织业	14119.11
化学原料和化学制品制造业	32054.89	黑色金属冶炼和压延加工业	13743.78
金属制品业	25397.33	文教、工美、体育和娱乐用品制造业	13688.38
铁路、船舶、航空航天和其他运输设备制造业	22564.88	有色金属冶炼和压延加工业	10876.44

指标	数量	指标	数量
农副食品加工业	8821.22	烟草制品业	3033.89
非金属矿采选业	434.67	石油和天然气开采业	2960.11
家具制造业	7766.22	煤炭开采和洗选业	2837.78
纺织服装、服饰业	7196.89	其他制造业	2804.00
食品制造业	6894.00	化学纤维制造业	2745.22
造纸和纸制品业	4703.78	石油、煤炭及其他燃料加工业	2081.56
皮革、毛皮、羽毛及其制品和制鞋业	4227.56	金属制品、机械和设备修理业	798.38
酒、饮料和精制茶制造业	4164.38	黑色金属矿采选业	592.89
印刷和记录媒介复制业	3896.56	有色金属矿采选业	441.56
木材加工和木、竹、藤、棕、草制品业	3041.67		

资料来源：2009~2019年《中国统计年鉴》。

研发投入经费的支出可以直观地反映各个细分制造业对企业创新的积极性和投入力度，随着科技创新政策的贯彻落实，我国研发经费规模居世界第二位，从表6.7的统计数据中可知计算机、通信和其他电子设备制造业、电气机械和器材制造业、汽车制造业、化学原料和化学制品制造业、黑色金属冶炼和压延加工业五大行业中研发投入经费较高。

表6.7　　　　　　　　2009~2019年R&D经费支出均值　　　　　单位：亿元

指标	均值	指标	均值
计算机、通信和其他电子设备制造业	1644.91	化学原料和化学制品制造业	755.72
电气机械和器材制造业	1016.69	黑色金属冶炼和压延加工业	638.49
汽车制造业	969.65	通用设备制造业	622.60

指标	均值	指标	均值
专用设备制造业	569.72	化学纤维制造业	85.35
铁路、船舶、航空航天和其他运输设备制造业	411.91	纺织服装、服饰业	82.68
医药制造业	373.57	文教、工美、体育和娱乐用品制造业	80.66
有色金属冶炼和压延加工业	361.71	石油和天然气开采业	77.80
非金属矿物制品业	296.03	皮革、毛皮、羽毛及其制品和制鞋业	47.93
金属制品业	287.55	印刷和记录媒介复制业	43.57
橡胶和塑料制品业	263.16	木材加工和木、竹、藤、棕、草制品业	40.76
农副食品加工业	206.67	家具制造业	38.45
纺织业	199.15	其他制造业	27.36
仪器仪表制造业	176.90	有色金属矿采选业	23.54
煤炭开采和洗选业	143.45	烟草制品业	21.98
食品制造业	123.79	金属制品、机械和设备修理业	12.13
石油、煤炭及其他燃料加工业	115.25	非金属矿采选业	10.98
造纸和纸制品业	112.92	黑色金属矿采选业	8.81
酒、饮料和精制茶制造业	95.17		

资料来源：2009～2019 年《中国统计年鉴》。

由表 6.8 可知，2009～2019 年所有细分制造业行业的利润中计算机、通信和其他电子设备制造业、汽车制造业、非金属矿物制品业、电气机械和器材制造业和化学原料和化学制品制造业分别是制造业企业利润中的前五位，其中计算机、通信和其他电子设备制造业利润与汽车制造业利润两个产业产生的利润占比整个工业行业约 8%，在整个制造业细分行业中表现瞩目。

表 6.8　　2009～2019 年五大细分制造业行业利润及工业总利润　单位：亿元

年份	计算机、通信和其他电子设备制造业利润	汽车制造业利润	非金属矿物制品业利润	电气机械和器材制造业利润	化学原料和化学制品制造业利润	工业利润
2009	1756.23	2281.39	1856.59	2169.12	2185.29	34542.22
2010	2873.03	3828.04	2858.59	3116.2	3638.41	53049.66
2011	2827.42	4335.41	3587.25	3310.13	4432.13	61396.33
2012	3194.18	4321.2	3438.24	3419.72	4121.61	61910.06
2013	3826.33	5230.37	4040.14	3822.89	4522.41	68378.91
2014	4282.57	6158.42	4130.53	4162.98	4450.25	68154.89
2015	4563.74	6243.25	3789.36	4524.31	4669.98	66187.07
2016	5070.17	6853.77	4243.65	5150.27	5180.3	71921.43
2017	5741.66	6890.92	4383.09	4657.49	5840.59	74916.25
2018	5248.99	6615.23	4815.27	4100.58	5397.95	71608.91
2019	5373.63	5099.89	4887.78	3943.44	3797.48	65799.04

资料来源：2009～2019 年《中国统计年鉴》。

不同的细分制造业，未来制造业转型升级的目标和路径规划有所不同，改造提升传统产业，防止低水平重复建设，对于重工业来说，比如钢铁、有色金属、矿物、煤炭等原材料优化产业结构布局调整，对于轻工业来说，比如纺织业、服饰业、印刷造纸业等提高优质产品供给，推动制造业高端化智能化绿色化，培育先进制造业集群，推动集成电路、航空航天、船舶与海洋工程装备、机器人、先进轨道交通装备、先进电力装备、工程机械、高端数控机床、医药及医疗设备等产业创新发展，推动制造业产品"增品种、提品质、创品牌"[88]。

6.1.3　不同类型制造业转型升级差异分析

制造业的分类有多种标准，在这里选取基于要素密集度，在阳立高等（2014）的研究文献中将制造业细分为劳动密集型、资本密集型和技术密集型，如表 6.9 所示。

表 6.9　　　　　　　　　　　三种行业类型细分

劳动密集型	资本密集型	技术密集型
生产经营主要依赖于大量劳动力，主要指农业、林业、纺织业、服装业、玩具、皮革、加剧等制造业	在产品成本的比重计算中，资本与劳动力成本份额较多，主要指钢铁业、电子通信制造业、石油化工、机械制造业等，以工业制造业为主	在产品生产制造的过程中，主要依赖于电子信息等智力技术，主要包括航空航天制造业、电子产品制造业、制药工业与材料工业等

1. 劳动密集型

自改革开放以来，在劳动密集型的制造业中，我国的人口红利优势直观地体现了出来，中国的经济发展取得了瞩目的成就，伴随着科技革命和产业改革，我国在逐渐摆脱传统劳动密集型的道路上进步。自 20 世纪 70 年代以来，我国制造业依靠劳动密集型获得了制造业的大力发展，随着经济全球化的推进，在亚洲四小龙在产业转型升级中，将基础的劳动密集型产业链转移到其他国家，在特定的时间段，我国由于低成本优势和丰富的资源承接了欧美和日本等发达国家和亚洲四小龙的基础生产链，在劳动密集型的制造业转型升级中，将淘汰下来的落后产能转移到更加具有低成本优势、制造业发展更为落后的国家或区域是世界各个国家和企业自然而然的共同选择。随着两化融合的深入，我国制造业产品在生产销售等生产环节的成本逐渐升高，但为了产品竞争力，产品的品质不能降低，并且需要顺应产品需求做出进步，因此劳动密集型的制造业在逐渐向技术密集型制造业转型，从"中国制造"转向"中国智造"。这也代表了机器人替代人工的大幕已经拉开，在未来可能有越来越多的劳动密集型产业将变成资本和技术密集型的产业。劳动力成本的上升推动着往高附加值方向发展，上升的劳动力成本和劳动力素质将提高居民储蓄率，高居民储蓄率代表资本积累程度上升，降低资本要素成本，使资本密集型产业利润率上升，比重也会随之提高,成本要素价格提升,产品利润降低,迫使企业加快技术创新,以其他更低的成本来重新获得竞争优势。在产品的生产上,有部分劳动密集型制造业是具有不可替代性的,比如精密仪器零部件的抛光步骤,类似于这种加工环节的生产还是需要人工手工进行组装,并且我国劳动力人口数量众多,也需要大量的劳动需求来带动就业,因此劳动密集型在我国仍是非常重要的细分制造业之一,并且,虽然越南、印度新兴的工业化国家的制造业规模正在扩张,但我国具备更加完整的产业链,制造业的产出效率是目前新兴制造业国家所无法达到的,欧美等发达国家也正是看到了这一点实施"再工业化",制造业的"空心化"和失业人口的问题会对经济发展产生负面的影响,但是随着工业化初期到中期、中后期,越来越多的基础步骤将向更有效率的方式演进。近些年理论界对劳动力匹配效率的问题数量增多,对于劳动密集型企业尤为重要,劳动力市场分割成不同的部分,去匹配合适的劳动力和企业。朱迪思(Judith,2011)进一步指出,劳动力结构和质量层次只有同产业及技术结构相协调,才能更好地推进产业升级与经济增长。

2. 资本密集型

随着市场经济体系的完善,资本积累更加丰富,一般工业化进程进行到中期,从劳动密集型转换成资本密集型,在资本密集型制造业内部的转型升级中,资本密集的程度逐渐提高和深化,产品技术水平的提高对原材料、辅助材料需求将会变大,产品各步骤的速度加快,而且现如今要素成本上升不仅包括劳动要素,产品生产所需要的原材料、水电的材料价格,以及产品生产环境治理成本也在逐渐上升,劳动力成本的上升需要企业投入资本的数量和利用质量更高,资本密集型的传统重化工产业仍然是结构调整、转型升级的主要任务,在《2019年中国制造业500强》中通过对重工业营业收入数据的分析可知,在所有制造业500强中的细分行业类型中,重化工行业处于营业收入规模前五位,且这五个行业的营业收入总额占全部500强的

51.55%，其中黑色冶金行业以 14.76% 排名第一。另外 34 家企业处于亏损状态，占比 6.8%，相较 2018 年同比数据提高 2.2%，其中 7 家有色金属企业、6 家黑色冶金企业、4 家化学原料及化学品制造业企业该三类行业均为落后产能相对过剩行业。在资本密集型制造业企业的转型升级中产能利用效率的问题亟待解决。除此之外，欧美发达国家对中国的压制也对资本密集型企业影响较大，比如投资限制、贸易保护、原料断供等。

资本密集型制造业消耗能源数量在几种制造业中最多，消耗的能源能否真正有效率地转换成制造业的增长，是制造业转型升级的重要评价指标之一，能源消耗的数量越多成本越多，产生一单位的制造业增加值所消耗的能源越少，说明制造业转型升级得越深入，同时能源的利用效率影响着制造业的绿色化，决定企业可持续发展的水平，如表 6.10 所示，从制造业单位增加值消耗能源总量、天然气和电力数量来看均呈下降趋势，说明近几年，更少的能源能产生以往年度同等数量增加值，国家高度重视生态文明建设，合理地利用资源能源，坚持节约优先是有益于企业，有益于国家的。

表 6.10　　　　　　　2009～2019 年单位增加值消耗能源量

年份	单位增加值能源消耗量（万吨标煤/亿元）	单位增加值天然气消耗量（亿立方米/亿元）	单位增加值电力消耗量（亿千瓦时/亿元）
2009	1.87576	0.002916313	0.1787709
2010	1.66814	0.002866002	0.1755416
2011	1.46424	0.003257385	0.1631558
2012	1.38121	0.003520005	0.1579589
2013	1.31443	0.003935496	0.1593851
2014	1.27275	0.004000658	0.1617469
2015	1.24483	0.003603312	0.1563313
2016	1.18209	0.003691489	0.153368
2017	1.07947	0.004100626	0.148316

年份	单位增加值能源消耗量（万吨标煤/亿元）	单位增加值天然气消耗量（亿立方米/亿元）	单位增加值电力消耗量（亿千瓦时/亿元）
2018	1.01042	0.004919801	0.144316
2019	1.01624	0.005317354	0.1442756

资料来源：2009～2019 年《中国统计年鉴》。

　　随着生态文明建设的推进，从对污染治理的投资额上非常明显的能看出来，近十几年间制造业发展迅速，与此同时重视到了制造业发展的绿色化，如表 6.11 所示，每年投入大量的费用来治理废水、废气、固体废物、噪声等，在制造业转型升级的前几年里投入治理费用最多，2013年投入总额 8496646.57 万元，2014 年投入总额 9976510.87 万元。

表 6.11　　　　　　　　　2009～2019 年工业污染治理投资额　　　　　　单位：万元

年份	工业污染治理投资总额	工业污染治理投资总额（治理废水）	工业污染治理投资总额（治理废气）	工业污染治理投资总额（治理固体废物）	工业污染治理投资总额（治理噪声）	工业污染治理投资总额（治理其他）
2009	4426206.9	1494606	2324616	218535.7	14100	374349.2
2010	3969768.2	1295519.1	1881882.5	142692.2	14193.2	620020.6
2011	4443610.1	1577471.08	2116810.6	313875.3	21622.5	413830.7
2012	5004572.67	1403447.54	2577138.7	247499.3	11626.79	764860.4
2013	8496646.57	1248822.26	6409108.7	140480.1	17627.91	680607.6
2014	9976510.87	1152472.73	7893934.9	150504.2	10950.24	768648.8
2015	7736822.2	1184138.3	5218073.1	161468.1	27892.3	1145251
2016	8190040.51	1082394.94	5614702.3	466732.9	6236.03	1019974
2017	6815345.49	763760.07	4462627.9	127419.4	12862.42	1448676
2018	6212735.62	640082.35	3931104.2	184249.5	15181.06	1442119
2019	6151513.43	699004.32	3676995.4	170729	14168.47	1590616

资料来源：2009～2019 年《中国统计年鉴》。

　　能源加工转换效率指能源经过加工、转换后，产出的各种能源产品的数量与同期内投入加工转换的各种能源数量的比率，如表 6.12 所示，能源加工转换效率从 2009 年的 72.41% 提高到 2019 年的 73.3，发电及电站供热的能源加工转换效率从 2009 年的 41.23% 提高到 2019 年的 45.8%，可以看出，每年都在稳定的增长，对于资源密集型的制造业来说，每提高 0.01% 都是数以万计的企业和人员在产业链上做出的努力。十年间我国制造业的效率一直在提高，我国对能源的重视程度、利用效率都在提高，说明我国制造业的设备越来越先进，工业流程效率提高，生产的工艺也变先进。

表 6.12 　　　　　　　　　2009～2019 年能源加工转换效率　　　　　　单位：%

年份	能源加工转换效率	能源加工转换效率（发电及电站供热）
2009	72.41	41.23
2010	72.52	41.99
2011	72.19	42.13
2012	72.68	42.81
2013	72.96	43.12
2014	73.1	43.55
2015	73.4	44.22
2016	73.5	44.6
2017	73	45
2018	72.8	45.5
2019	73.3	45.8

资料来源：2009～2019 年《中国统计年鉴》。

3. 技术密集型

　　我国有许多高精尖技术的产品依赖进口，并付出比较高昂的价格，在发展到一定阶段后，一般是工业化的中后期，将从劳动密集型转化成资本密集型进而转化成技术密集型，技术密集型也是我国劳动密集型制造业升级的理想状态，转型升级同样存在需要思考的问题，随着智能技术的推进，机器和设备更加先进，性能更高，但机器是否足够智能来替代人工，以技术要素替代劳动要素，产品的质量和生产链的稳定性能否保证，并且以机器替代人工，产品的成本是否能降下来，利润率提高上去，在经济上能否更加合理是转型升级必须考虑的问题。在技术密集型制造业升级中需要更加高水平的人才来支持，技术研发人员素质的高低影响着技术密集型企业发展的脚步，这就需要国家和企业关注研发投入力度，我国在制造业的技术开发上已经取得了一些进步，但目前距离发达国家对研发的投入还是有差距，并且投入产出的成果需要有效地转化成生产力，缩进研发和市场的距离。中国目前正在进行技术密集型产业的革命，人工智能、新能源技术、3D 打印、5G 技术和区块链等就是目前产业进步的标志。2019 年政府工作报告对未来的制造业转型升级提出了新的目标，基于国家战略方向通过"十四五"规划和"2035 年远景目标"等，拓展"智能＋"为制造业转型升级赋能，重点关注技术密集型企业，比如量子信息、光子与微纳电子、网络通信、人工智能、生物医药、现代能源系统等，以国家重点实验室、工程研究中心、技术创新中心的形式构建创新科技力量。加强科研院所、研究型高等院校与企业科研部门的合作，推动投入主体多元化、管理制度现代化、运行机制市场化、用人机制灵活化。

6.2　我国制造业劳动力成本现状分析

我国在劳动力成本方面一直具有优势，人口众多，制造业资源丰富，多年以来，这种优势也为中国制造业形成了良好的业界口碑，比如"世界工厂""中国制造"等。改革开放 40 多年，中国成为世界第二大经济体，制造业是我国经济发展的重要支柱行业。2019 年全球制造业总产值中国以 28.7% 占比第一，美国以 16.8% 占比排名第二，日本 7.5% 排名第三，中国总产值占比超过第二和第三比例之和。自 2010

年中国制造业产值排名第一之后，一直稳居第一位，2010 年中国制造业产值 1.955 万亿美元，全球占比为 19.8%，十年间提升接近 10%，在制造业发展中实现了大跨步。但是近年来我国制造业发生变化，我国制造业长期以来依赖于劳动力低廉的价格优势为中国带来了大量的订单，较低的劳动力成本意味着更大的盈利空间，同时赋予企业较强的竞争力。伴随着刘易斯拐点的到来，低劳动力成本优势不再明显，劳动力供求关系发生改变，人口红利正在逐渐消失，相对于新兴制造业国家的劳动力成本优势减弱。根据国际劳工组织公布的数据来看，当下中国的劳动力成本已经超过马来西亚、越南、菲律宾等东南亚国家，全球劳动密集型产业近些年开始向上述国家转移。中国是世界第一大鞋产品出口国，越南仅次于中国，并且除了鞋产品之外，电子产品在越南的份额突飞猛进，成为越南出口的三大支柱行业之一。全球制造业 500 强智能手机巨头三星公司 80% 的智能手机终端在越南生产，2019 年惠州三星电子公司正式关门并搬往越南，美国芯片制造商增加了越南的投入，富士康公司、LG 公司等做出相同举措。依据赫克歇尔俄林（H－O）理论，各个国家的生产要素的成本价格是不同的，因此具有了各自的生产要素禀赋，生产要素的禀赋产生比较优势，出口具有比较优势的产品，进口具有比较劣势的产品。对于我国来说，劳动力成本就是我国的比较优势，比较优势减弱意味着竞争优势减弱，进而直接影响企业效益，影响工业化发展进程，面临巨大的挑战，选取几个指标分析劳动力市场的关键指标，进行具体分析。

6.2.1　制造业劳动力人口规模缩小

劳动力供给规模一般用劳动力就业人数来评价，充足的劳动力供给规模是制造业发展的必要条件，中国制造业大多集中在劳动密集型产业和某些高科技产品的劳动密集环节，对劳动力数量需求较高，劳动力人口规模的变动给依赖劳动密集型发展的我国制造业带来了很大的影响。如图 6.3 和图 6.4 所示，65 岁及以上人口数量一直在增加且增长趋势稳定，出现老龄化的问题，经济活动的劳动力主体是 15 ~ 64 岁适龄人口，自 2010 年后增长趋势放缓且自 2013 年以来有逐渐下滑趋势，特别是从 2016 年的 100943 万人下降到 2019 年的 99622 万人。

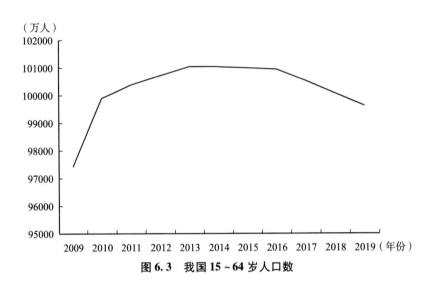

图 6.3　我国 15 ~ 64 岁人口数

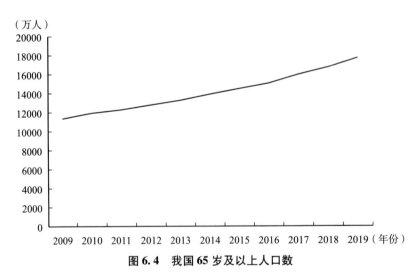

图 6.4　我国 65 岁及以上人口数

　　如图 6.5 所示，我国制造业就业人数从 2009 年的 3491.9 万人上升到 2013 年的 5257.94 万人，之后一直呈下降趋势，至 2019 年，数量下降到 3832.03 万人，6 年间年均下降率平均在 5% 左右。

（万人）

图 6.5　我国制造业就业人数

资料来源：2009~2019 年《中国统计年鉴》。

2003 年以来，从珠三角等地区开始出现了"民工荒"的问题。依据刘易斯理论，当第一产业与总就业人数之比的数值低于 50% 时，劳动力就不再是无限供给状态了，随之而来是工资上涨，劳动力成本上升。从《中国统计年鉴》的数据可知，2009 年第一产业就业人数占总就业人数比例约为 38.1%，2014 年的比例约为 29.30%，低于了 30%，如果同时经济发展伴随着高速增长，很有可能出现的结果就是劳动力短缺，正如现今的"民工荒"现象，我国目前的人口成本优势正在逐步缩小，我国生育率、人口出生率下降趋势比较明显。我国在 1982 年确定计划生育政策，贯彻独生子女的政策，缓解了当时社会面临的生活压力，但近些年来有些省份出现了人口的负增长现象，人口老龄化具有巨大的惯性，如果不提升生育率的话，人口结构将会失衡，影响劳动力人口的发展趋势。人口红利逐渐消失伴随着劳动力人口数额的减少，包括人口年龄结构的变化等。

6.2.2 制造业劳动力成本上升且速度较快

1966 年 10 月，国际劳动统计学家会议共同通过了《关于人工成本统计的决议》，其中将人工劳动成本定义为雇佣劳动历史产生的全部费用。我国劳动部 1997 年在颁布的（1997）261 号文件中定义人工成本包括职工工资总额、社会保险费用、职工福利费、职工教育费、劳动保护费、职工住房费和其他人工成本费用的七大项。劳动力成本主要以劳动力报酬的形式确定，包括各种形式的辅助收入，主要划分为两部分：直接劳动成本和间接劳动成本，直接劳动成本的构成主要是工资，间接劳动成本的构成主要是社保与相关福利等等。

2009～2019 年《中国统计年鉴》资料显示，如表 6.13 所示，我国制造业城镇单位就业人员工资总额、平均工资的水平逐年上升，增长幅度较快，特别是 2010 年和 2011 年，从 2009 年的 26810 元稳步上升到 2019 年的 78147 元，十年间增加了 51337 元，约是 2009 年的 2.91 倍。从 2010 年 7 月 1 日起，河南、深圳、陕西、安徽、海南等地开始上调最低工资标准，并且涨幅基本在 20%，海南涨幅最高，约为 30%。

表 6.13   2009～2019 年制造业平均工资及总额

年份	制造业平均工资（元/人）	制造业平均工资增长率（%）	制造业工资总额（亿元）	制造业工资总额增长率（%）
2009	26810	—	9302.2	—
2010	30916	15.32	11140.79	19.77
2011	36665	18.60	15031.37	34.92
2012	41650	13.60	17668.07	17.54
2013	46431	11.48	24566.64	39.05
2014	51369	10.64	27011.39	9.95
2015	55324	7.70	28341.61	4.92

续表

年份	制造业平均工资 （元/人）	制造业平均工资 增长率（%）	制造业工资总额 （亿元）	制造业工资总额 增长率（%）
2016	59470	7.49	29088.88	2.64
2017	64452	8.38	29740.55	2.24
2018	72088	11.85	30384.96	2.17
2019	78147	8.41	30197.49	−0.62

资料来源：2009~2019 年《中国统计年鉴》。

随着中国社会保障体系的完善，社保制度下间接劳动成本比重稳步上升，如表 6.14 所示，从 2009 年的 16115.64 亿元直线上升到 83550.43 亿元，未来将继续提升，基本养老保险基金从 2009 年的 11490.84 亿元增加到 2019 年的 52918.83 亿元，失业保险基金从 2009 年的 580.38 亿元增加到 2019 年的 1284.23 亿元，工伤保险基金从 2009 年的 240.12 亿元增加到 2019 年的 819.45 亿元，在本书中认为制造业劳动力成本的计算结果为职工平均工资与五种保险的人均缴费额之和，其中五种保险的人均缴费额为该中保险基金收入与参加该类保险人数的比值。

表 6.14　　　　2009~2019 年五种社保平均收入及制造业

加总劳动力成本　　　　　　　　单位：元/月

年份	养老保险基 金平均收入	失业保险基 金平均收入	工伤保险基 金平均收入	生育保险基 金平均收入	医疗保险基 金平均收入	五项社保 平均收入	制造业劳 动力成本
2009	4879.36	456.436	161.203	121.749	914.611	6533.36	33343.36
2010	5220.12	485.795	176.323	129.378	995.987	7007.61	37923.61
2011	5950.68	644.734	263.586	158.221	1170.01	8187.22	44852.22
2012	6573.48	748.073	277.074	197.166	1293.53	9089.32	50739.32
2013	7039.57	785.109	308.662	224.744	1445.22	9803.31	56234.31
2014	7416.89	809.614	336.627	261.816	1621.38	10446.3	61815.32

续表

年份	养老保险基金平均收入	失业保险基金平均收入	工伤保险基金平均收入	生育保险基金平均收入	医疗保险基金平均收入	五项社保平均收入	制造业劳动力成本
2015	8297.48	789.444	351.896	282.313	1681.08	11402.2	66726.21
2016	9242.75	679.375	336.626	282.858	1758.83	12300.4	71770.45
2017	10748.6	592.323	375.718	332.898	1523.74	13573.3	78025.26
2018	12211.4	596.194	382.423	382.252	1590.39	15162.6	87250.61
2019	12168.6	625.153	321.626	402.198	1723.31	15240.9	93387.91

资料来源：国家医疗保障局公报。

6.2.3 劳动生产率提高

劳动生产率是衡量劳动效率的核心指标之一，反映了一个地区所有从业者在一定时期内创造的劳动成果与其相适应的劳动消耗量的比值，是衡量劳动力要素的投入产出效率，是衡量一个国家、行业和企业竞争力和经济贡献度的重要指标之一。从国家的层面来讲，全员劳动生产率是国内生产总值除以同一时期全部从业人员的比值，计算公式为：劳动生产率＝GDP/全年平均从业人员数；从企业的角度来看，劳动生产率是考核企业经济活动的重要指标，是企业生产技术水平、经营管理水平、职工技术熟练程度和劳动积极性的综合情况的反映。计算公式为：劳动生产率＝劳动生产总值/全年平均从业人员人数。从行业角度来看，劳动生产率＝按不变价格计算的制造业增加值/就业人数，这里我们用行业劳动生产率来计算制造业劳动生产率，如表6.15所示。在2009～2019年的发展历程中，制造业劳动生产率由31.54上升到68.93，上升速度很快，在制造业就业人数下降的趋势下制造业增加值一直在上升，生产效益得到了提高。劳动力相应地从低劳动生产率部门（或低劳动生产率活动）向高劳动生产率部门（或高劳动生产率活动）实现转移或重新配置。

表 6.15　　　　　　　　2009～2019 年制造业劳动生产率

年份	制造业增加值（亿元）	制造业就业人数（万人）	制造业劳动生产率（%）
2009	110118.5	3491.9	31.54
2010	130282.53	3637.15	35.82
2011	156456.8	4088.33	38.27
2012	169806.6	4262.19	39.84
2013	181867.8	5257.94	34.59
2014	195620.3	5243.14	37.31
2015	199435.96	5068.7	39.35
2016	209508.93	4893.84	42.81
2017	233876.46	4635.46	50.45
2018	255937.16	4178.31	61.25
2019	264137	3832.03	68.93

资料来源：2009～2019 年《中国统计年鉴》。

6.2.4　单位劳动成本先上升后下降

单位劳动成本是衡量制造业竞争力的国际标准之一，在全球各个国家被广泛使用，单位劳动成本的计算方法是劳动力成本与劳动生产率的比值，单位劳动力的成本越低，每生产一单位的劳动投入越少，其竞争力越强，当劳动报酬的增长，但同时劳动生产率增长得更快时，单位劳动成本降低。单位劳动成本的计算数据包括就业人数和劳动生产率，能够更加全面而准确地反映劳动力成本的状况，直接反映国家或地区的劳动力比较优势。可以看出虽然 2009～2019 年制造业劳动生产率一直在上升，但单位劳动生产率出现了一个先上升后下降的趋势，如表 6.16 所示，从 2009 年的 1057.18 上升到 2015 年达到 1695.71，在 2019 年下降到 1354.82。

表 6. 16   **2009 ~ 2019 年制造业单位劳动力成本**

年份	制造业劳动力成本（元）	制造业劳动生产率（%）	制造业单位劳动成本（元）
2009	33343. 36	31. 54	1057. 18
2010	37923. 61	35. 82	1058. 73
2011	44852. 22	38. 27	1171. 99
2012	50739. 32	39. 84	1273. 58
2013	56234. 31	34. 59	1625. 74
2014	61815. 32	37. 31	1656. 80
2015	66726. 21	39. 35	1695. 71
2016	71770. 45	42. 81	1676. 49
2017	78025. 26	50. 45	1546. 59
2018	87250. 61	61. 25	1424. 50
2019	93387. 91	68. 93	1354. 82

资料来源：2009 ~ 2019 年《中国统计年鉴》。

6.2.5 制造业人均利润率

使用制造业利润总额和制造人员的工资比值得出利润率，如表 6. 17 所示，在 2009 ~ 2019 年呈现上升后下降在上升的过程，在 2012 年左右 我国开始推进制造业转型升级，由劳动密集型向技术密集型转移，在 十年的发展中制造业转型升级之前，制造业人均利润率在 2010 年为 13. 15，在后几年中上升的过程中，2019 年的制造业人均利润率超过 2010 年达到 14. 43。

表 6. 17   **2009 ~ 2019 年制造业人均利润率**

年份	制造业企业利润总额（亿元）	制造业就业人数（万人）	制造业人均利润率（%）
2009	27971. 91	3491. 9	8. 01
2010	47843. 09	3637. 15	13. 15
2011	47843. 09	4088. 33	11. 70

年份	制造业企业利润总额（亿元）	制造业就业人数（万人）	制造业人均利润率（％）
2012	48570.46	4262.19	11.40
2013	50705.68	5257.94	9.64
2014	56898.46	5243.14	10.85
2015	57974.69	5068.7	11.44
2016	65280.82	4893.84	13.34
2017	66368.42	4635.46	14.32
2018	56964.4	4178.31	13.63
2019	55314.48	3832.03	14.43

资料来源：2009～2019 年《中国统计年鉴》《中国工业统计年鉴》。

6.3　国外制造业劳动力现状分析

6.3.1　劳动力成本现状分析

我国近几年来一直是世界第一制造大国，但一直没有迈入世界制造强国第一梯队，如图 6.6 所示，从制造业增加值占 GDP 的比重来看，我国在四国之中属于制造业增加值占 GDP 国家之最高的国家，虽然十年间一直在下降，但就 2019 年的数据来看，制造业比重较高，美国、德国和韩国第三产业发展相对中国更为发达。

《中国制造业高质量发展报告（2019）》认为，近几年中国制造业取得了很大的成就，但关键核心技术与高端装备对外依存度高，这与世界第一制造大国的排名是不相匹配的。中国制造业位居全球第三阵列的前列，在美国、德国、日本之后，名列全球第四名，与发达国家比，我国在规模发展上占有优势，但在质量效益、结构优化、持续发展方面存在差距，质量效益为 15.05（见表 6.18），只是基本达到平均水平。

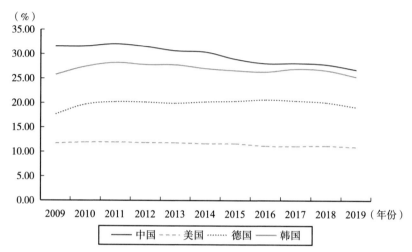

图 6.6　中、美、德、韩四国制造业增加值占 GDP 比重

资料来源：国际劳工组织网站。

表 6.18　　　　　　　　　　**2018 年九国制造强国发展指数**

指标	排名	国家	指数	指数相对值	规模发展	质量效益	结构优化	持续发展
第一阵列	1	美国	166.06	100.00	36.12	49.84	48.77	31.33
第二阵列	2	德国	127.15	76.57	29.60	26.65	46.27	24.63
	3	日本	116.29	70.03	22.76	30.55	33.50	29.48
第三阵列	4	中国	109.94	66.20	55.16	15.05	23.40	16.33
	5	韩国	74.45	44.83	17.29	19.74	16.76	20.66
	6	法国	71.78	43.23	10.69	27.52	16.19	17.38
	7	英国	67.99	40.94	9.33	27.05	14.27	17.34
其他	8	印度	41.21	24.82	5.88	9.82	12.56	12.95
	9	巴西	30.41	18.31	3.20	12.69	3.48	11.04

资料来源：《中国制造业高质量发展报告（2019）》。

根据国际劳工组织数据网站公布的 2019 年劳动生产率可知，2019

年美国每位工人可以产出 127046 美元收益，德国每位工人可以产出
104752 美元收益，韩国每位工人可以产出 81060 美元收益，中国每位
工人可以产出 29363 美元收益。美国、德国和韩国的制造业劳动生产
率分别是我国的 4.33 倍、3.57 倍、2.76 倍，在国际劳工组织对劳动生
产率的划分中，美德韩属于高劳动生产率阵列，中国属于中等劳动
生产率阵列。

从表 6.19 中各个国家的制造业劳动者周工作时间来看，美国 2009~
2019 年周工作小时数最少，但从劳动生产率的数据可以看出创造的收
益是最多的，中国在四个国家之中劳动生产率最低，但周工作小时数
最长，2019 年周小时工作数每周 48.9 小时，美国每周 40.31 小时，德
国每周 37.41 小时，韩国每周 42.83 小时，在 2009~2019 年中，我国
周小时工作数一直高于其他几个国家。

表 6.19　　　　　　　　　　美德韩中周小时工作数

年份	美国	德国	韩国	中国
2009	38.99	37.02	47.27	48.5
2010	39.87	37.92	47.4	49
2011	39.96	38.23	46.17	48.1
2012	40.07	38.02	47	48.2
2013	40.11	37.83	44.94	48.9
2014	40.29	37.85	46.04	48.7
2015	40.04	37.86	45.74	47.11
2016	40.07	37.94	44.89	47.49
2017	40.09	37.72	44.87	48
2018	40.37	37.55	43.47	48.3
2019	40.34	37.41	42.83	48.9

资料来源：国际劳工组织网站。

根据表 6.20 中 2009~2019 年的制造业劳动力数据，可见德国制造

业劳动力成本在发达国家中属于非常高的，德国作为老牌的工业化国家，经过百年的发展，生产的制造业产品在全世界范围内有口皆碑，制造业处于后工业时代，知名制造业企业有西门子、奔驰、宝马、大众等。在德国的制造业中，对工人非常看重，具有精湛技艺的熟练工人才能一丝不苟地确保整个工作流程，蓝领工人的工资水平和白领的工资水平基本差异不大，德国的教育体系实行"并轨制"，鼓励学生进入技术工程师行业发展，德国用实际薪资解决工厂招工难的问题，投入资金发展人才支持，2009年制造业工资49104美元，2019年上升到72160.32美元。

美国的制造业规模非常庞大，掌握很多高端制造业的研发技术，树立了在高科技领域的绝对优势，比如精密仪器、芯片等高精尖制造业；产业链完善，具有微软、苹果、波音等为代表国际知名优秀制造业企业，依靠高科技产业的核心竞争力保持绝对的产业竞争优势。美国企业的研发投入占销售额的比重也普遍高于其他国家，据欧盟公布的全球研发投入50强名单，其中美国公司有22家，德国企业9家，日本企业6家。美国的科技硬实力就是基于教育体系和人才培养模式，聚集了诸多著名高校，具有一定规模的工业企业建立自己的工业实验室专业投入进行科技研发。制造业劳动力工资2009年46250.88美元，2019年47021.24美元，每年都在上涨，上涨的幅度比较稳定。

韩国目前处于知识密集型制造业发展阶段，三星、LG均是世界前100强的电子制造业企业，制造业主力发展产业聚焦在半导体、液晶显示器等行业，处于工业化转型的后期，对劳动力素质的要求非常高，韩国本土资源发展受限，体质脆弱，需要在技术上多投入。韩国自1981年开始通过组建大型企业集团和推进产学研一体化，适应国情制定和实施主要基于市场经济规律的产业政策。1990年，李健熙推出国际化储备人才项目"海外英才计划"，在员工之中通过评选体系选出优秀员工，并且从韩裔科学家中引进大量博士学位人才提高研发创新效率。从政策上大力推进改革，成立由劳方、资方、政府组成的三方委员会，主要作用为稳定失业人群的劳动市场，对失业人群进行系统的培训以适应劳动市场的需求，保证劳动力的弹性，降低创新风险，韩国的制造业劳动力成本 2009～2019 年平均工资在 41986.09 美元。

表 6.20　　　　　　　　　　美德韩制造业劳动力工资

年份	美国		德国		韩国	
	制造业劳动力工资（美元）	工资增长率（%）	制造业劳动力工资（美元）	工资增长率（%）	制造业劳动力工资（美元）	工资增长率（%）
2009	46520.88	—	49104	—	35607.24	—
2010	46816.32	0.64	44381.4	-9.62	36678.12	3.01
2011	47557.44	1.58	56171.76	26.57	38519.52	5.02
2012	48526.92	2.04	58170.6	3.56	40084.8	4.06
2013	49289.04	1.57	59790.96	2.79	39894.24	-0.48
2014	49590.96	0.61	51317.88	-14.17	42400.08	6.28
2015	51005.64	2.85	63031.8	22.83	44627.4	5.25
2016	52079.52	2.11	66347.52	5.26	44823.72	0.44
2017	53937.72	3.57	68922.36	3.88	44406.48	-0.93
2018	55546.92	2.98	70993.92	3.01	46694.76	5.15
2019	57021.24	2.65	72160.32	1.64	48110.64	3.03

资料来源：国际劳工组织网站。

6.3.2　劳动力管理现状分析

1. 日本劳动力管理事例

最近几年，在中国的劳动力密集型产业中劳动力成本上升成为一个大趋势，并且在经济逐步发展、技术逐渐升级以及行业生产方式的转型升级的背景下，我国制造业企业对于高素质劳动力的需求开始逐渐提高。尽管有着丰厚的劳动力资源，不过符合企业要求的高技术劳动者依旧供不应求。劳动力成本的上升目前对于企业的转型升级形成了一个倒逼的局势，未来的新型制造业产业生产要素一定以技术要素为主体，依靠大量劳动力资源投入来扩大生产规模的时代必将过去，这也意味着劳动力市场对于高技术劳动者需求会继续上升，如何利用政策手段培养高素质劳动者，让高素质劳动者的供应跟上制造业转型升级对于人才的需求。1950~1970年，日本在经历了经济的高速发展之后也出现了熟练工人不足、高技术劳动者供不应求的现象，同时期日本的政策值得我们研究。

日本在20世纪60年代，由于机械制造等重工业部门的高速发展，生产技术不断升级，造成了日本劳动者自身素质跟不上技术发展的情况，也造成了日本站制造业需要的高水平工人短缺，出现了高素质劳动力供不应求的情况。为了应对此种状况，日本政府在1958年制定了针对制造业劳动者专业能力提升的相关政策性法规《职业训练法》，以政策为导向鼓励各方面力量培育高技术劳动者，以保证劳动者的工作发展以及国家的产业兴旺。

《职业训练法》中明确地划分了各级政府对劳动者进行进一步职业培训的法律责任。其中中央政府作为计划的统筹者，要根据当时日本国内制造业产业的发展形势，根据所需要的技术型人才制订职业培训基本计划。地方政府再依据中央政府发布的职业技术培训基本计划，结合所管辖地区、行业、劳动者从业性质的差距制定本地区职业培养的差异性规划。各地方政府各级政府要负责公共职业训练机构的设置与运营，进行各类针对当地产业所需高技能人才的专项职业训练（高原，2019[90]）。各级政府要为企业开展的职业培训提供支持。最终再由中央政府根据行业要求建立职业技能的考核制度。并且在《职业训练法》中还规定，这种政府统一进行的职业培训要与企业的职业培训保持一致，并且要对学校的教育进行延续。对不同政府单位在此次职业技能训练中需要扮演的角色、需要训练的各种职业专业技能都进行了严格规定。《职业训练法》为解决日本当时的高素质劳动力不足的问题制定了详细的规划以及明确的路线，并且提供了法律的制度性保障，为解决当时日本制造业存在的问题做出了突出贡献（何永保，2019[91]）。

日本对于这方面的解决方案个人认为我国可以做参考。从一些方面而言，虽然两国面临的问题并不完全相同。但是存在一个共同点就是劳动力素质跟不上生产技术的升级。我国可以在借鉴日本当时推出《职业训练法》时的做法，通过推出相关法律法规政策引导、让政府参与，来提高我国劳动力的整体素质。比如说，地方政府可以根据分析当地制造业产业技术升级的方向，统一组织在职的工作人员来进行技能培训（李欣阳，2019[92]）。在当地设立劳动技能培训中心，通过发放生活保障金，或者可以给通过职业培训并通过技术考核的劳动者"奖学金"的方式，鼓励那些因为产业生产方式升级而被"淘汰"的人员来进行相关技术的学习。首先，这样可以使下岗员工实现再就业，提高了我国人口的就业率。其次，通过增加高素质劳动者的就业，可以改善我国目前劳动市场的供求关系，减缓劳动力成本的上涨。再次，高素质的劳动者更能适应企业的新技术以及新生产方式，有利于提高企业的生产效率，使企业的利润更加丰厚，也能有更多的资金可以投入对技术的研发创新之中。由政府出资来对劳动者进行专业技能培训，亦可以减轻企业在行业转型升级中的资金压力，以及人才供给不足所带来的压力（龚晓娟，2019[93]）。

2. 美国劳动力管理事例

我国制造业转型升级不仅仅体现在制造业企业完成相关技术的升级以及制造业行业的产业结构的优化，也对行业内人才的要求越来越高。随着生产技术的升级以及产业结构的优化，劳动力市场对于复合型人才、应用型人才的需求越来越大。对口人才的培养不仅仅是企业与政府的责任，高校在其中也扮演着重要的角色。目前我国高校的办学规模以及高校在读学生人数位居世界前列，但是我国高校培养出的人才数量却跟不上我国的产业转型升级以及技术革新所需要的人才数量。

美国是高等教育水平发展最为强大的国家，同时美国也掌握着许多行业的尖端科技。并且美国的产学研合作教育水平也在世界处于高水平，在 20 世纪美国的产学研合作人才培养已经形成了一套完备的体系。对于美国产学研合作的体系以及对人才的培养方式进行探究，可以为我国在这方面发展提供经验借鉴。联邦政府在美国的产学研合作中扮演着最主要的角色，他是产学研合作的发起者，也是参与者，他在整个过程中发挥着重要作用，通过制定政策来对参与这个活动中的各个主体进行引导，并且要对它们制定不同的扶持政策。以政策的方式来保证产学研结合这个规划的有序进行。同时，美国在产学研结合中有着不同种中介机构的参与。它们在这个过程中主要起到一个"桥梁"作用，联系技术持有者与需求者。一般情况下技术需求者为企业，持有者则是研究组织或者高校，中介机构便是这三者之间的联络者。并且中介机构在联邦政府的政策支持下，通过几十年的发展，形成了多层次的服务功能，现在的中介机构不仅是企业、学校与研究组织之间的联络者，还能提供搭建信息共享平台、为企业提供技术支持、搭建风险投资平台等服务。金融机构在产学研结合中主要是为各方提供所需的金融支持，在美国联邦政府的政策支持以及金融机构的金融支持的双重保障之下，解决了大学进行学术研究以及日常基础设施建设的资金问题，保证了大学与研究组织的科研成果转化，并且也化解了一部分企业自主创新研发过程中的风险，保证了企业的平稳运营。

在这里最值得注意的美国企业与高校的合作形式。最基本的一种方式就是企业会在与其建立合作关系的高校中建设实训培训中心，也可以根据学生的意愿进入企业在校外设立的实训基地进行实习，通过学习与培训，掌握实际操作能力，实现"学以致用"。使学生成为实用型人才，在具备丰富知识储备的同时，掌握工作岗位所需要的技能。另外还有通过共建研发中心的方式，利用这种方式来凝聚双方力量，签订产学研合作协议。通过学校强大的科研能力来帮助企业进行技术攻关。这种形式最大的优点就是可以帮助企业缩短研发周期、减轻在创新研发中的风险。对于学校而言，可以提高科研人员的整体科研能力，为培养研究型人才打下了基础。还有一种形式就是由企业与学校商定培养计划，学生在校期间由企业与学校共同管理。除了在校应当完成的课业内容以外，学生还需要学习企业专业课程以及接受岗位的专业培训，在毕业之后也可以直接进入该公司工作。这种形式与国内的"校企合作"类似，优点是可以使学生学习了该专业应当具备的技术操作，也帮助学生解决了毕业之后的就业问题，对企业而言可以免除学生进入岗位之后的培训流程，提高企业效率的同时也提高了员工素质。

通过了解美国产学研结合的体系，我们可以看出，中介机构在美国的产学研合作中起到了重大的作用，它的存在不仅提高了这个体系整体的效率，而且对于政府、企业和高校三方都有不同的助力。而我国缺乏这种中介机构，这也是我们可以借鉴的地方。我国政府可以建立官方的中介机构，作为一种非营利组织存在。为学校与企业的合作搭建官方平台，一方面有利于企业与学校促成长久的合作管理；另一方面可以提供官方的技术转让平台，这样也可以起到对自主研发成果的保护作用。另外，我国相较于美国对于制造业的金融支持不够到位，金融产品单一，满足不了制造业企业对于金融产品的多元化需求，关于这方面建议在前面已经列出。此外，我国高校与企业的联系不够密切，虽然许多高校设有"校企合作"专业，但是仅仅对某一专业进行相关技术的培训是不够的。目前，我国大学毕业生就业之后需要在企业中完成技术培训已成常态，学生在学校里储备了足够的书本知识却对实际操作一无所知已经屡见不鲜。我国高校应当借鉴美国的相关经验，鼓励企业在校内设立实践基地，对学生的实操能力进行培训，帮助其就业后更快地适应工作岗位，成为企业真正需要的复合型人才、应用型人才。

6.4 产业转型升级下劳动力成本分析

传统经济背景下，多以传统制造业产业为主发展经济，在工业化初期，一般经济附加值较低，资源利用效率低，对资源依赖度高，环境受到污染，以投入大量的劳动力和资本来促进自身发展，很多环节处于低端化、粗放式发展，产能过剩，能源利用效率低，制造业产品同质性也较强，核心技术、高端关键零部件的研发投入少，较少的将资本投入高端人才引进上，没有自己独特的核心竞争力，传统的制造业被认为是一个不充满活力的产业，在这种全球化分工的模式下，中国承担的角色更多的是生产国，例如：原材料工业、轻工业、纺织业和化工建材业等，但这种状态不能长此以往发展下去，再以过往的人口红利模式去竞争，难以长时间维持，在后续的发展中会出现技术乏力，同时出现"人口红利削弱""用工荒""技工荒"等问题，在经济学理论中认为，劳动密集型企业能够获取发展是因为国内外各个国家的劳动力成本比较差异，中国目前人口结构发生改变，老龄化人口也在增多，王金营、顾瑶在 2012 年通过构建布拉斯劳动参与率模型，计算结果表明未来 40 年我国劳动力人口数将减少 1.48 亿人。欧美发达国家等实施"再工业化"战略发展高端制造业，新兴国家工业体比如东南亚国家的制造业也在逐渐壮大，很多核心设备或技术依赖进口，成本陡然上升，致使制造产业的利润率不高，并且产业结构不合理，使得中国制造业在全球的位置一直处于低端环节，不能获取高端环节的利润，在 1776 年亚当·斯密在《国富论》中提出：由于劳动分工会分发收益，这种劳动分工的模式，配以提高工资等的方式能激励劳动者提高效率，效率的提高产生规模化后，能促进生产工业化进程，最终优化产业结构。

产业结构的升级包括多方面，通过跨产业升级、功能升级、产品升级、产业流程的改变，生产效率的提高，改变过往的粗放式发展模式，以提高企业的竞争优势，提升综合国力，产业转型升级之前，我国制造业已经基本完成了以低成本来覆盖市场的目标，之后是调整经济结构，提高要素配置效率，促进有效供给，使全要素生产率上升，创新驱动发展战略，围绕供给侧结构性改革，从深度和广度上优化产业布局，转变发展方式，加快新旧动能转换，提升发展质量和效益水平。面对劳动力供给的新趋势，劳动力成本的上升影响着国家的要素禀赋结构，劳动力成本逐渐上升，劳动要素的价格上升，涨的幅度越大、趋势越快，与发达国家劳动力成本的水平越接近，很多发展中国家的制造业是以劳动密集型为主，因此致使利润率下降，从企业自身的角度考虑，适龄劳动人口数量一直在下降，企业也需要在更少的劳动力数量上创造相同的甚至更高的收益，技术水平在短时间内很难达到巨大的提升，研发投入具有不确定性，需要长期的前期投入和积累，制造业下行压力大，为了提高企业竞争力，内外部环境共同推动制造业转型升级的进程。除此之外，基于需求偏好相似理论，人均收入水平直接作用于需求结构，消费者收入水平提高，慢慢地不满足于基本需求的商品，在商品本身基础价值之外，增加了一些个性化需求，比如更高的质量、企业文化、品牌理念、技术水平等，消费观念的变化影响消费需求，市面上的企业为了跟上时代的潮流，被更多的消费者选择，企业将投入资金进行现有工艺流程的改进，推出新产品或者优化现产品，同时中国的人口数量也在上升，企业必将进行升级转型，以满足消费者新的数量及质量的要求，1857 年德国统计学家恩斯特·恩格尔提出了"恩格尔定律"，在此定律的解释中表明，经济迅速发展伴随着劳动者个人收入的提高，恩格尔系数将会降低，用于购买非必需用品的比例将提高，人们的需求结构发生变化，进而影响产业结构的升级。劳动者随着劳动力成本的上升，除了对消费品有更高的要求外手中可支配收入更多，劳动者会通过运用这些收入来提高自己技术水平以及子女的教育条件，以获取更高的收入，企业更加重视工人技术水平的培训，劳动力的水平将提升，人力资本的积累能够提高生产效率，制造业则顺势而为转型升级。很多学者劳动力投入的规模对制造业产生很大的影响，随着制造业转型的不同阶段，劳动力投入规模也需要不断变化，并且随着制造业的转型升级，制造业越来越细分是必经的趋势，计算机通信和其他电子设备制造业可以分为计算机制造、通信设备制造、广播电视设备制造、雷达及配套设施制造、非专业视听设备制造、智能消费设备制造、电子器件制造、电子元件及电子专用材料制造、其他电子设备制造等，计算机制造包括计算机整机、计算机零部件、计算机外围设备、工业控制计算机及系统、信息安全设备、其他计算机制造。具体还有更小的分类，产业细分后的劳动力模式就是专业的人干专业的事，德国的劳动力成本在世界范围内都算是很高的，甚至有人称是"奇高"，怀疑在这种高劳动力成本的条件下不应该有大规模工业生产了，但德国的劳动力模式是人工通过控制高度自动化的设备把控高端精密技术生产环节，除此之外日本制造业资源并不丰富，不论是自然资源还是人力资源，但其制造业竞争力指数在多个数据上高于中国，自 2008 年国际金融危机以来，日本制造业增加值占 GDP 的比重稳定地保持在 19% 至 21% 之间（周毅等，2020[94]）。

日本大力投资技术密集型企业，引导优秀人才流向制造业。截至 2019 年 3 月，研究人员达到了 87.5 万人，同比增加 0.9%，每百万人口中有 5371.2 人从事研究工作，人均研发费用达到了 2232 万日元。因此真正受制制造业发展的不是劳动力规模或是劳动力成本，而是劳动力的素质和效率。

劳动者缺乏资本、缺乏技术已经成为限制我国企业发展的重要因素之一，劳动力成本的上升推动着产业的转型升级，供给侧结构性改革和消费需求结构，坚定不移地推进建设制造强国战略。随着三次产业升级，劳动力不再是大量且低廉的状态，企业会考虑通过以其他方式来转变产业结构，淘汰落后产能，重视各个产业链环节，随着产业的繁荣发展，产业格局日新月异，一定伴随着产业的动态转型升级。以往诸多实证结果表明，劳动力成本上升会引起"倒逼效应"，在劳动力成本相较低廉的时候，会吸引很多外国企业来投资，但随着劳动力成本的上升，外国企业出于成本和投入的考虑，选择进行产业转移，来自国外的压力也推动着资本外流的国家转型升级，产业转型的目的也是通过优化产业结构来提高产品的附加值，提高制造业企业利润率，由粗放型往集约型转变，一般粗放型的模式产品简单低端、高消耗、附加值低，集约型模式一般低能耗、低污染、附加值高，在经济全球化的时代背景下，要想自己的产品有被选择的优势，就要不断进行优化，从企业和市场需求的角度将产品复杂化，制造业的成功转型升级离不开资本、技术、设备、人力等多重因素的支持，需要企业更加充分地利用资源、已有产业基础、人才技术和市场网络等优势，组织学习引入新技术，以提高服务效率和成本的方式提高竞争力，提高产能率，激活品牌活力，并且带动其他周边产业，扩大产业版图，以自身的优势试水新产业，增加就业解决劳动力问题，内外因素共同推进着传统制造业的战略升级和结构优化的双轨演进。优化产业布局，向高科技转型迈进，推动制造业高质量发展，实现经济效益高质量增长。在图 6.7 微笑曲线中，产品的研发和销售分别处在业务供需的上游和下游，能够获取更高的利润，而处于业务工序中游的组装环节利润空间最小，制造业企业视角的关注点在产业不断成熟的过程中向利润空间更大的两端拓展。"十三五"时期高技术制造业增加值平均增速达到了 10.4%，高于工业增加值的平均增速 4.9%。政府深入落实增值税改革、小微企业普惠性减税、个人所得税改革，降低劳动力成本。国外其他国家在进行制造业产业升级时，产业优势明显，并且优势产业多为高新技术产业，含金量明显高于中国。中国在进行产业转型升级时，优势是具有生产基础产品的完整产业链，制造技术和精度依旧存在空间。在劳动力数量减少并且劳动力成本逐渐上升的情况下，需要提高制造业的劳动力市场匹配效率。中国劳动力成本规模在全球具有绝对优势，与世界其他经济体相比，我国庞大的制造业人力资本是我国制造业生产规模不断扩大的必要条件。

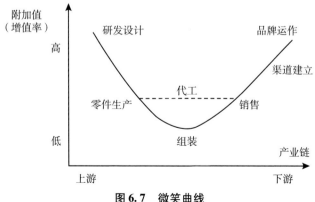

图 6.7　微笑曲线

6.5 劳动力成本与制造业转型升级分析

胡安俊（2013）随着东部地区产业拥挤效应的显著，广东、山东、江苏等省已经开始省内产业升级。张晶研究了最低工资和生产率的影响，分析各省份产业转型升级的变化，最低工资的上升使得制造业向邻近地区转移。李中建和刘翠霞（2015）基于灰色理论研究劳动力成本、研发投入及职业素质培养投入与劳动力质量间存在联系，要解决我国制造业转型的压力，匹配的劳动力是重中之重。杨进等（2008）基于中国制造业领域技能型人力资源主要现状，认为我国在未来从制造大国发展到制造强国的稳定的、职业发展能力强的技能型人才队伍能够支持我国从制造业大国转型升级成制造业强国。胡迟（2013）认为制造业发展到一定阶段必然会进行产业的转型升级，劳动力素质提升与发展战略对产业转型升级的推动作用。张峰和殷秀清（2020）基于柯布道格拉斯函数构建制造业转型升级的驱动要素面板数据计量模型，研究了劳动力规模、劳动力质量弹性系数对制造业转型的影响，分各地区经济带和不同要素类型的制造业带来影响，需要提高当前劳动力供给要素中"质""量"来配合产业发展需求。

当前，劳动力成本上升，从劳动力供给角度来看劳动力规模下降以及人口老龄化，但高等教育的普及提高了劳动力人口的综合素质和城镇化进程，使原来低廉的劳动力已不再低廉，招工难、民工荒现象时有发生，加上最低工资不断提升，社保、劳保的执行标准提高，制造业低成本优势逐渐消失；在工业企业正常生产的过程中，耗用大量资源，水电气、原材料、能源等价格成本持续上涨，对于劳动密集型和资本密集型企业是很大的挑战；同时放眼全球人民币的不断升值，出口退税的逐步降低，侵蚀了出口企业利润，加大了外贸结算风险；节能减排及环保标准的提高，又增加了环保成本。如果不提高产品的科技含量和品牌价值，中国制造业的国际竞争力仍会继续下滑。因此，唯有加快转型升级，使产业结构从劳动密集型向技术密集型转型，总体来看，我国目前正在制造业转型的路上探索着，在全球经济一体化的今天，中国制造业不能再依靠以往人口红利来推动制造业的发展，制造业迫切需要进行转型升级来提高劳动生产率、降低单位劳动成本，通过劳动密集型制造业的转型升级使制造业拓宽产业链，在劳动力规模的条件下，提高劳动力人口素质技能，为制造业带来更高级环节的经济收益。

6.6　本　章　小　结

本章内容主要分五部分来展开，第一，分析东中西部（广东、江苏、山东、河南、湖南、湖北、四川、陕西）的制造业数据、制造业细分产业的数据以及劳动密集型、资本密集型、技术密集型的数据，来判断制造业转型升级的程度，以产成品、制造业利润总额和增加值、制造业企业实力、新产品销售收入、专利申请数、研发投入经费、产生利润、资源能耗、能源转换效率、治理污染投入来评价制造业转型升级的智能化绿色化效率化。第二，介绍了我国制造业劳动力成本的变化情况，基于国家统计局中各统计年鉴的数据，2009～2019 年制造业劳动力规模缩小，劳动力成本上升且速度较快。比较了制造业平均工资、工资总额和分别的上涨趋势。因为劳动力成本主要分为两部分，包括直接劳动力成本（工资）和间接劳动力成本（社保与相关福利等），因此将制造业人均工资和社保五种保险的人均缴费额之和作为劳动力成本进行下一步的计算劳动生产率和单位劳动成本，劳动生产率一直在提高，单位劳动成本先上升后下降，人均利润率先上升后下降之后上升。第三，比较分析国外几个发达国家的制造业劳动力成本相关数据，德国是老牌制造业工业国家，美国是世界制造业竞争力第一大国，韩国是亚洲四小龙国家之一，其发展经验均对中国有借鉴意义，基于 2018 年 9 个国家制造强国发展指数，中国现如今是制造业第一大国，但依旧没有成为第一强国，与上述其他几个国家还是有差距的，基于国际劳工组织数据网站、国际劳工组织和 OECD 统计数据库获取了相关发达国家的制造业劳动力数据，非常明显地可以看出几个发达国家单位制造业人工产出的效益是高于中国的，我国周小时工作数一直高于其他几个国家，其他几个国家劳动力成本高，但带来的经济效益更高，相对而言产生了我国没有的竞争力，三个发达国家基本处于工业化制造业的后期，以技术密集型为主要发力产业，劳动力成本高的原因是投入了大量的费用在研发、人员培训等方面。之后分析了日本和美国典型的劳动力管理事例，日本通过《职业训练法》以保证劳动者的工作发展以及国家的产业兴旺，美国通过企业与高校的合作来保证产学研的人才产出，均对中国制造业劳动力发展具有很强的借鉴意义。第四，分析了产业转型升级下劳动力成本变动的差异，劳动力成本的上升，外国企业出于成本和投入的考虑，选择进行产业转移，劳动者手中可支配收入提高也会更加重视技术水平以带来更大收益，消费需求结构发生变化，企业为了提高企业竞争力，内外部环境共同推动制造业转型升级的进程。第五，总结制造业劳动力成本上涨和制造业发展的关系。

第 7 章

制造业转型升级与劳动力 成本上涨的耦合水平评价

7.1 制造业转型升级与劳动力 成本上涨的耦合机理

对国内外学者的研究成果汇总分析可以发现，制造业的转型升级与劳动力资源的配置效率和规模存在着千丝万缕的内在联系，而劳动力资源的配置效率又对适龄劳动力规模、劳动力的平均薪酬水平产生着影响。前人大多是基于原本我国劳动力资源丰富、人口红利鼎盛的时期对制造业未来的发展趋势进行评估，站在现如今的角度，大智移云和电子商务等新兴技术的发展与劳动力人口不断缩小的规模给人们的就业和制造业转型带来了很多的契机和压力。基于新形势下研究我国制造业转型升级与劳动力成本上涨的耦合便具有创新的意义，也对通过智能化改造等先进技术提高劳动生产率，缓解居高不下的劳动力成本压力，并实现向价值链高端发展的前景有着深远影响。

7.1.1 耦合动因分析

劳动力成本上涨是长期且必然的发展趋势。一方面，近年来工人工资的上涨带来劳动力成本的上涨；另一方面，蔡昉等（2009）认为伴随着我国人口老龄化趋势的加重和独生子女们进入劳动力市场劳动，劳动人口所占比重和劳动参与率均在逐年下降[95]。廖少宏（2009）认为是劳动力市场的需求供给总量失衡、结构性失衡以及人口流动缓慢等多种因素的综合作用导致劳动力成本的上涨[96]。当前劳动力的需求与供给已经从总量失衡状态转变成为结构性失衡状态，企业工资的增长幅度长期滞后、农民工的权益不能得到保障等一系列因素的综合作用导致了农民工资源的流失，部分劳动力密集型的行业面临招工难的问题，这使得部分地区的工资水平提高（朱忠文和王红梅，2006）[97]。我国产品的"物美价廉"大都得益于本国丰富且廉价的劳动力资源，既有利于企业进行低成本生产，也有助于提高我国产品的价格优势。然而，随着刘易斯拐点的到来，面对工资水平上涨的现状，制造业的劳动力低成本比较优势正在消退，企业难以维持原有的依靠大规模劳动投入维持经济持续增长的发展模式，在此背景下，亟须实现产业结构的优化升级，推动行业的高质量发展。

实现制造业转型升级和劳动力成本上涨的良性耦合是促进我国由"制造业大国"迈向"制造业强国"的重要保障。就我国而言，产业发展对廉价劳动力资源的依赖程度较高，这既不利于技术的进步，也不利于产业结构的优化调整，甚至阻碍了我国从"制造业大国"迈向"制造业强国"的进程。当前我国传统的劳动力低成本带来的竞争优势正在逐渐减弱，以人力资本提升和创新为核心的新的竞争优势还有待成熟。显然，对我国制造业企业而言，结构性问题依旧是限制其发展的重大难题，产业结构发展主要依赖本国的廉价劳动力资源，这极大地阻碍了经济的转型和升级。劳动力成本的上涨不可避免地给当前我国制造业形成的比较优势带来一定程度的冲击。随着新一轮的价值链重塑浪潮的出现，各国为了提高本国的核心竞争力，纷纷着手制定适合本土的企业转型发展战略。作为传统的制造业大国，"大而不强""强而不优"的现实也限制着本国制造业的发展。虽然当前劳动力成本上涨，但是高等教育的普及也进一步提高了劳动力的质量。社会人口老龄化加剧，但随着科技的进步劳动力市场需求规模也进一步缩减。劳动力成本上涨影响中国当前产生的竞争优势，为了增强国际竞争力，制造业亟须进行转型和升级，实现制造业转型升级和劳动力成本上涨的良性耦合，有助于我国实现从"制造业大国"迈向"制造业强国"的巨大转变。

7.1.2　耦合机制

1. 制造业转型升级对劳动力成本上涨的作用

（1）制造业转型升级提高对人力资源素质的要求。

随着经济的发展和时代的进步，我国的廉价劳动力优势逐渐演变成为阻碍制造业转型升级进程的绊脚石。当前我国的工业经济仍旧是以劳动密集产业为主导，这源自产业对低成本的劳动力优势的过度依赖。在制造业的转型升级过程中，一方面需要扩大制造业的规模，另一方面也要增强员工积极性，充分挖掘员工潜力，提高劳动力素质，构建高质量的劳动力队伍，唯有如此才能摆脱低成本劳动力的阻碍（李中建和刘翠霞，2015）[30]。赵息等（2009）认为制造业的转型升级对劳动力结构配置提出了新要求，为了适应这一发展进程，国家急需培养和引进一批具有较强竞争力的高素质创新型专业人才队伍，为实现从制造业大国向制造业强国迈进打下坚实的人才基础[98]。如果高质量的劳动力供给不足，则无法满足本企业出于增强竞争力角度对专业创新型人才的需求，抑制企业创新水平的发展，减缓产业转型升级进程。也就是说企业对人力资源素质的需求和高质量人才供给之间的缺口不可避免地导致劳动力成本的上涨。

李中建和刘翠霞（2015）认为在行业转型升级背景下，随着对高素质人才的需求量加大以及社会受教育水平的普遍提高，更多的劳动者倾向于加大对改善自身教育水平和提高儿女受教育水平的投入，让自己或儿女成为能够成为与制造业转型升级需求相契合的高素质劳动人才[30]。从长期来看，这会使得我国的劳动力质量稳步提升，劳动力成本上涨。此外，制造业转型升级过程中，成本投入增加，企业想要获得长久稳定的竞争力，增加利润的获取能力，就必然要增强核心技术的研发能力，从而倒逼企业提高福利待遇，培养和引入创新型高素质人才。

（2）制造业转型升级扩大对制造业就业人数的需求。

从地区层面看，制造业转型升级要考虑到不同地区的产业结构。在综合考虑地理位置、政策条件等因素后，相比于其他地区，东部沿海地区的劳动密集型产业发展趋势较好，且就业人数所占比重较高，2005年时，这一比重就达60%（席建成和孙早，2017[99]）。随着行业的转型升级，沿海地区的部分资本密集型行业逐渐向西发生迁移，劳动密集型行业的就业人数有所减少，而高科技行业的就业人数则出现逐年增加的趋势。吴建峰（2014）实证研究认为，随着制造业的调整和优化，中部地区产业的就业人数所占比重也在逐年上涨[100]。随着制造业的转型升级进程的实现，中西部劳动密集型产业的规模也在逐年扩大，对就业人数的需求量仍旧较大，劳动力供求存在结构性失衡，工资增幅缓慢且农民合法权益难以得到保障导致了劳动力人口的流失，随之带来"用工荒"难题，这不可避免导致劳动力成本的上涨。此外，就我国而言，市场分割以及地方保护等问题在不同地区之间显著存在（Young A，2000）[101]。这也导致了劳动力市场分割现象的加剧，最为明显地体现在高质量专业型劳动力人口的区域分布不均。还有学者认为劳动生产要素等在地区之间存在资源错配主要是由市场分割以及地方保护等因素导致的（Hesieh，2009）[102]。因此在行业转型升级过程中，这种资源的错配对地区的劳动力供给水平产生影响，劳动力供需之间的不平衡进一步抬高了劳动力成本。

2. 劳动力成本上涨对制造业转型升级的作用

近年来，制造业转型升级一直在同劳动力成本上涨进行"赛跑"。劳动力人口的供给数量与需求之间存在供需不平衡，进而产生"用工荒"现象，此外，医疗负担、养老负担加重等一系列因素都导致劳动力成本上涨。其中最为显著的是因工资持续增长导致的劳动力成本呈现上升趋势。当前低劳动力成本的比较优势不明显，外资企业信心不足，一方面低技术、低科技含量的劳动密集型企业选择转移到成本更为低廉的地区；另一方面高科技含量的产业在发达国家政策的激励下则倾向于迁回本土（胡迟，2015[103]）。与此同时，国内创新型高端技术人才极度缺乏，导致我国制造业面临国外资本流失、国内资本出走的危机，制造业转型升级刻不容缓。

（1）劳动力成本上涨改变要素结构。

希克斯（Hicks，1932）在《工资理论》一书中就阐明了劳动力成本与技术创新之间的关系，认为当劳动要素相对于资本要素变得更加昂贵时，致力于节约劳动的技术创新就会被激发。他提出要素替代主要包含两种替代效应，一种是短期的劳动 - 资本的替代效应，一种是长期的技术替代效应[104]。从短期来看，技术要素处于相对固定状态，由于劳动力成本增加会压缩企业的盈利空间，因此企业在其生产过程中会更加偏好于价格较低的其他替代要素，也就是要素结构发生了改变，企业最优的边际技术替代也随之发生改变。

产品空间结构理论认为，要素结构影响产业结构及其发展（Hausmann & Klinger，2006[105]）。要素结构变动带来的后果之一就是目前支撑制造业高速发展的低成本红利正在消退（胡迟，2015[103]）。低劳动力成本会对产业的转型升级起到一定程度的制约。李景晶（2015）以浙江省为典型案例进行研究发现改变要素结构刺激产业结构的转型升级[106]。唐宁和怀特（Downing & White，1986）两位学者认为，从短期来看，劳动者工资上涨会使得企业生产成本增加利润减少，而从长期看，则会迫使企业为了提高自身技术水平增强竞争力而增加研发投入[107]。一般而言，当处于低工资水平时，要素成本降低，会形成比较优势，但与此同时企业进行技术创新的积极主动性也往往不高。调整最低工资，提高工资水平，会刺激企业进行技术创新，促进产业转型升级，以提高产品竞争力（王小霞等，2018[108]）。调整最低工资，增加劳动力成本，能促进资源要素在国内不同地区之间的合理再分配，提高劳动的配置效率。通过要素的替代效应和创新效应共同作用，能够迫使企业提高其全要素生产率，减少自身对于廉价劳动力（低技能劳动力）的依赖程度，消除由于劳动成本上涨所产生的不良影响，促进企业转型升级，提高竞争力（张晶和陈志龙，2021[109]）。提高工资水平能够促使部分劳动者降低赚取生活必需费用的劳动时间，而将更多的精力投入于提升自我提升和价值实现上，促进社会的进步发展，推动科学技术的创新变革。此外，收入提高后，劳动者更加追求高品质的生活，增加旅游消费等休闲娱乐，促进产业结构的升级和优化。

（2）工资水平变动带来技术进步。

有学者认为，提高工资水平能带动劳动者的学习和培训积极性和企业技术的进步，改进工作效率，刺激劳动生产率的提高，促进产业结构的优化升级（Palazuelos & Fernández，2009）[110]。工资水平变化会通过要素替代效应、效率工资效应等多种作用机制对劳动生产率产生影响（赵锦春和谢建国，2014[111]）。工资水平上升既能够带来劳动力素质的提高，也能促进科技的进步，还能提升劳动生产率，促进制造业的转型升级（胡迟，2015[103]）。夏皮罗和施蒂格利茨（Shapiro & Stiglitz，1984）从效率工资视角进行了分析，认为提高工资水平能够有效减少监督成本，降低工人失业的机会成本，提高其工作积极性，提升劳动生产率[112]。罗默（Romer，1987）认为人力资本增长带来技术的进步[113]。工资水平变动改变劳动力质量，而劳动力质量能够正向促进产业内分工的优化（卢福财和罗瑞荣，2010[114]）。高素质的技能型人才队伍有助于推动我国由制造业大国迈向制造业强国进程。此外，许多学者进行实证研究证实劳动者劳动素质的提高能够带动技术的进步，对产业的转型升级具有积极的促进作用（胡迟，2013[115]；李萍和谌新民，2012[116]）。倘若生产要素变化是劳动力成本上涨的主要原因，则这种改变不会导致竞争力降低（蔡昉，2007[117]）。

（3）工资水平变动改变消费需求。

提高劳动者工资水平，会对其需求产生影响，进而影响产业结构。

作为可支配收入的重要组成部分，工资具有举足轻重的地位，而可支配收入又对消费需求水平至关重要。当劳动者处于低工资水平时，由于具有低消费能力，此时食品等生活必需品支出占该劳动者的消费需求的主要地位。当劳动者处于高工资水平时，价高质优的高端消费品则往往更加受到劳动者青睐。工资水平的变动会带来需求层次和需求结构的变化，进而对制造业供给结构、产业结构都产生一定影响。刘东皇等（2017）认为当工资增长刺激劳动者购买力的提升，这会带来两方面的影响[118]。一方面，会提高需求总量。需求总量扩大推动制造业产业规模的扩大，进而促进规模经济的发展、产出效率的提高和投资规模的扩大。另一方面则会改变需求结构。购买力提升改变需求结构，劳动者更加追求高质量生活，对农产品工业品等的消费需求降低，对休闲服务旅游等为主导的第三产业性质的消费需求则增加，进而推动产业结构的转型和升级。

（4）工资水平变动影响劳动力的产业转移。

从劳动力的供求导向来看，企业最基本的投入要素之一是劳动，一般常将使用劳动而支付的价格称作工资，工资的变动将对劳动力的供需结构产生一定程度的影响。受到工资水平变动的影响，劳动力人口会在不同行业以及不同部门之间流动，导致供给结构发生改变，进而推动整个产业结构的优化升级。行业的不同盈利能力会导致劳动者的工资之间存在差异，在此背景下，劳动力人口不可避免地由低工资行业向高工资行业流动。从制造业内部来看，现阶段劳动密集型产业的劳动者工资水平明显低于资本、技术密集型产业。受到工资水平高低的影响，劳动密集型产业的劳动人口流失，甚至面临"用工荒"的窘境，而资本、技术密集型产业劳动力人口涌入，这间接导致了制造业重心的转移，即由劳动力密集型产业转移向资本、技术密集型产业。提高工资水平会削减企业对劳动力数量的需求，推动企业更新设备，或者引进更加专业高效的技术型人力资源来对一般的劳动力形成替代。不论以上哪种方式，都对劳动密集型企业的发展产生冲击，而推动资本、技术密集型企业的前进，促进行业结构的优化调整。

3. 客观条件和环境促进二者加速耦合

自"十二五"以来，我国经济发展逐渐步入新常态。虽然经济增速缓慢回落，但是我国宏观经济总体向好的基本面并没有改变。随着宏观经济的下行，当前我国制造业增长速度也趋于平缓，受到效益下滑和产能过剩的影响，制造业发展受到制约。收入水平变动、要素结构出现变化、低成本比较优势的消退、技术水平的提高、劳动生产率的提升、创新环境的优化，这些都为制造业转型升级与劳动力成本上涨的加速耦合创造了条件。

要素禀赋结构变化导致低成本红利的消减，内、外部环境的双重压力迫使制造业迫切进行转型升级。毕马威（2012）在《全球制造业报告》提到，当前我国制造业正在由以规模增长转向高质量高效益发展。劳动力成本上涨对我国的制造业竞争力也产生冲击。当前我国技术研发水平稳步提升，核心技术取得突破，具有性价比优势的国内零部件逐步替代过去依赖程度较大的进口产品。劳动力素质的提升、创新型人才队伍质量的提高、科学技术的进步共同推动资源配置效率的优化，进而促进劳动生产率的提升。近年来国家财政加大对 R&D 经费的投入力度，持续优化创新环境，激励产业增强创新成效。上述无论是要素结构的变化还是技术水平带来的劳动生产率的优化提升，都会加速制造业转型升级与劳动力成本上涨的耦合。

4. 耦合的脆弱性

虽然劳动力成本上涨和制造业转型升级之间存在耦合机制，但良性耦合是具有一定脆弱性的而不是自然而然发生的。首先，现实中，现阶段的劳动力素质、技术水平、设备、企业创新能力等都较难在短时间内实现快速提升，制造业难以彻底突破原有的旧的生产模式，通过要素的替代效应和创新效应共同作用，减少行业对于廉价劳动力（低技能劳动力）的依赖程度，消除由于劳动成本上涨所产生的不良影响，仍旧存在一定难度。其次，我国劳动生产要素和产业结构在东中西部地区之间存在不均衡。东部沿海地区由于具有天然的地理位置优势和国家相关政策的扶持，正在逐渐实现劳动力成本上涨和产业转型升级的良性耦合。而对于中西部地区而言，由于存在市场分割以及地方保护等问题，劳动力人口分布不均衡，中西部地区面临的最大的挑战仍旧是劳动力人口流失和工资增幅缓慢等问题，产业转型升级和提高劳动力成本尚未成为其首要目标。因此，在中西部地区实现制造业转型升级和劳动力成本上涨的良性耦合，在短期内仍旧相当艰巨。最后，由于短期内劳动力成本上涨与企业实现自身利润最大化的目标之间、制造业转型升级与地方政府的财政收入目标之间都存在冲突，所以当地政府人员短视行为可能会使得制造业转型升级与劳动力成本上涨之间的耦合水平变低。

7.2　劳动力成本上涨对制造业发展影响的实证检验

通过前面章节的理论分析，初步判断劳动力成本上涨对制造业转型升级会产生正向促进作用。本章将进行实证检验，首先运用层次分析法甄别劳动力成本上涨的影响因素，然后根据指标数据进行基本的典型事实分析，最后通过建立回归模型，对劳动力成本上涨对制造业发展的影响进行检验。

7.2.1　劳动力成本上涨的影响因素

当前我国"人口红利"正在消退，劳动力成本呈现上升趋势，总体而言，劳动力成本的上涨是理性且必然的（梁宇，2017[119]）。劳动力上涨减弱了企业的低成本竞争优势，李杨和安瑞娟（2012）认为导致劳动力成本增加的原因主要是劳动力再生产成本的增加和劳动力需求的扩大[120]。从生产成本的内涵来看，劳动者的工资水平主要包含其维持自身和家属的生存所必需的生活资料价值以及为了进行训练和学习而支付的教育费用（廖骏，2007[121]）。前者受到物价水平和通货膨胀的影响较大，后者也随着社会受教育程度的提高和对高素质劳动力需求的扩大而增长。蔡昉（2005）从劳动力的供给和需求角度对劳动力成本上涨现象进行了分析，他认为劳动力供求之间差距的扩大导致了劳动力价格的上涨[122]。当前劳动力的供给结构正在改变，尤其我国低成本优势正在消退，"廉价劳动力"数量减少，原本就业人口量大的劳动密集型产业正面临着劳动人口的流失，甚至陷入"用工荒"，而资本、技术密集型产业劳动力人口的大量涌入，导致部分产业存在劳动力供不应求等难题，工资水平上涨，劳动力成本提高。

劳动力成本的上涨受到经济社会多种因素的影响，劳动者工资水平提高，带动消费能力的提高，促进人均消费水平的扩大，进而推动产业结构的转型和升级（刘社建，2011[123]）。苏永照等（2017）也将劳动力成本上涨因素的研究聚焦于劳动力的供给和需求关系上，并认为是短时间内 GDP 的迅速增长扩大了劳动力需求而当前社会人口自然增长率过低和人口老龄化现象显著降低劳动力的供给水平，导致劳动力供给需求出现不平衡，抬高了劳动力价格[124]。

樊学瑞和高波（2019）在对国内和国际数据进行比对测算后发现，人民币升值、工资水平的提高和劳动生产率过低都是导致劳动力成本上涨的主要因素[125]。而劳动力的市场化改革、教育的工资溢价和供需结构的变化也促进劳动者工资收入的提高。部分国企改革为私有化和私营、外资企业的良性发展都为工人的重新就业提供了机会，增加了非国有市场的就业率。国家放松户籍制度的背景下，二元劳动力市场结构逐步转变为多元化劳动力市场结构，城市与农村之间劳动力分割的现象得以缓解。劳动力者为了提高自身技术水平，主动寻求技能培训和提高学历的积极性提高，带动劳动生产率的提高，激励企业支付更高的报酬换取高质量劳动力，从而推动劳动力成本补偿性上涨。此外，随着社会的发展和居民思想的转变，受教育意愿进一步增强，劳动力受教育程度的提高间接促进了工资水平的增长。卢晶亮（2018）实证研究证实，劳动者工资的增长速度与受教育程度挂钩，高学历对应高工资增长速度，教育回报率提高[126]。劳动力价格水平还受到供需水平的影响，劳动力人口增长率降低、劳动人口素质变化等因素带来供需结构的变化，也进一步了抬高劳动力的工资水平。

学者们对劳动力成本上涨影响因素进行实证研究，证实其主要取决于三个方面。

（1）劳动力再生产成本的增加。

本书借鉴李杨和安瑞娟（2012）[120]的研究，用人均消费水平指标度量劳动力再生产成本（Pec）。

计算公式为：

$$Pec = \frac{n}{Y} \times I \tag{7.1}$$

其中，n 为制造业单位就业人员年末数，Y 为当年年末全国就业人数合计，二者比值为制造业就业人员占比。I 为当年城镇居民家庭基本消费支出合计。

（2）劳动力供不应求带来的供给之间差距的扩大。

本书用制造业城镇单位就业人员年末数指标对劳动力需求变量（Uep）进行度量。

（3）劳动者受教育程度提高带动人口素质的提升。

本书借鉴杨虹等学者（2010）对劳动力人口受教育水平的度量方式，用人均受教育年限指标衡量[127]。通过划分人口的受教育程度并分别明确每个层级对应的受教育年限，在此基础上对 6 岁以上制造业行业城镇人口的受教育比重进行加权计算。本书将受教育水平按学历高低依次划分为小学、初中、高中和大专及以上，为了便于列式和运算，分别用 N_1、N_2、N_3 和 N_4 表示每个层级对应的人口数，该行业总就业人口数为 N，每个层级所对应的年限分别为 6 年、9 年、12 年和 16 年。在此基础上通过公式计算求得人均受教育年限（Yep）。

计算公式为：

$$Yep = \frac{N_1 \times 6 + N_2 \times 9 + N_3 \times 12 + N_4 \times 16}{N} \qquad (7.2)$$

此外,本书在考虑了劳动力成本的内涵以及参考以往学者的研究基础上,结合本国的实际发展情况,选取制造业城镇单位就业人员的平均工资对劳动力成本 Lac 进行衡量。

7.2.2 典型事实分析

本部分将以散点图的形式,先从直观上看上文分析的劳动力再生产成本、劳动力需求以及劳动人口素质与劳动力成本上涨之间是否存在关系。运用上文确定的各项指标,对 2007～2017 年的相关数据构造关系。如图 7.1～图 7.3 所示。图中的指标数据均来自《中国劳动统计年鉴》。

1. 典型事实一

图 7.1 的散点图显示 2007～2017 年全国制造业的劳动力需求与劳动力成本呈正相关的分布关系。说明对制造业来说,劳动力需求扩大,

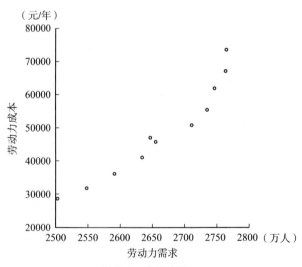

图 7.1 典型事实一

劳动力成本升高，反之，则降低。因为近年来劳动力需求扩大，而我国面临人口增长率降低等问题，扩大了劳动力的供给与需求之间的差距，供需结构的这种改变进一步抬升了劳动力成本。

2. 典型事实二

图 7.2 的散点图显示的是 2007～2017 年全国制造业的劳动力再生产成本与劳动力成本之间的关系。显然全国制造业的劳动力再生产成本与劳动力成本呈正相关的分布关系。说明对制造业来说，劳动力再生产成本的提高推动劳动力成本上升，反之，则下降。因为随着企业改革和国家放宽户籍制度的大背景之下，非国有市场的就业量增加，原本城市与农村之间分割的劳动力市场结构也逐渐向着多元化的劳动力市场结构方向转变，一方面倒逼企业付出更多成本培养或者引入高质量、专业化、技术性型劳动力资源，另一方面也提高了劳动力人口的工资收入水平，从而导致劳动力成本上涨。

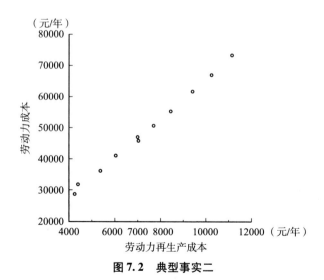

图 7.2　典型事实二

3. 典型事实三

图 7.3 的散点图显示了 2007～2017 年全国制造业的劳动力人口受

教育水平与劳动力成本之间的关系。结果与图 7.1 相似，劳动力成本随着全国制造业的劳动力人口受教育水平的上升而上升。说明对制造业来说，劳动力人口受教育水平提高，推动劳动力成本升高，反之，则降低。因为行业转型升级对劳动力素质提出了更高的要求，劳动力者为了增强自身竞争力，提高自身收入水平，更愿意主动参与技能培训和寻求学历的提升。这一改变推动行业劳动生产率的提升，并对企业产生一定压力，迫使其支付更高的报酬购买高质量的劳动力资源，进而带动劳动力成本的补偿性上涨。

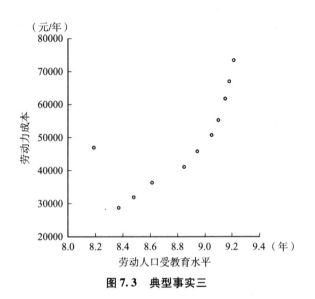

图 7.3　典型事实三

因此，根据上面初步对统计数据进行分析的结果来看，可以得出以下几点特征事实：第一，对制造业来说，劳动力需求扩大是导致劳动成本上涨的原因之一，劳动力需求量增加带动劳动力成本上涨；第二，劳动力再生产成本对劳动力成本产生正向影响，劳动力再生产成本的提高是影响劳动力成本上涨的因素之一；第三，劳动力人口受教育水平也是导致劳动力成本升高的原因之一，劳动力人口受教育水平越高，劳动力成本则越高。

7.2.3　研究设计与数据选取

1. 变量设计

（1）被解释变量——产业转型升级变量（STR）。

本部分研究的被解释变量为产业转型升级。当前国内外学者常常将各产业占国民经济中的比重作为产业结构升级的衡量指标。例如，用某一产业在 GDP 中的占比或者该产业的就业量衡量产业结构升级。然而用这种方法衡量产业结构升级过于粗略，只能反映出该行业的产业结构升级状况，对本书的研究来说并不适用。潘为华等（2019）从信息技术（IT）、创新能力、绿色发展以及质量效益这四个方面对制造业转型升级指标进行综合评价，并通过熵权法对指标的权重予以计算，在此基础上测度我国制造业转型升级水平[128]。傅元海等（2016）从产业结构高级化和合理化的角度研究产业转型升级[129]。考虑到本书主要是重点研究劳动力成本上涨与我国制造业转型升级水平的耦合分析，因此为了更加全面、综合地对制造业转型升级水平进行衡量，本章节使用制造行业的全要素生产率 TFP 来作为制造业转型升级水平的替代变量。借鉴李媛恒等（2020）的研究，采取索洛残差法通过用产出增长率减去各要素增长率的方法对制造业全要素生产率 TFP 进行测算[130]。具体如下：

社会总生产函数为：

$$Y_t = A_t K_t^{\alpha} L_t^{\beta} \tag{7.3}$$

对上式进行转化，可以得到：

$$\ln \frac{Y_t}{L_t} = \ln A_t + \alpha \ln \frac{K_t}{L_t} \tag{7.4}$$

$$t = a - \alpha \times b - \beta \times c \tag{7.5}$$

其中，Y_t 表示实际社会总产出，用制造业的实际增加值衡量；K_t 是资本投入，用制造业固定资本存量进行衡量；L_t 是制造业的劳动投入，用该行业的平均用工人数衡量；α、β分别是实际的资本产出弹性系数和劳动力产出弹性系数，且 α + β = 1；t 是制造业全要素生产率 TFP；a、b、c 分别是实际的产出速度、资本增速和劳动增速。

①实际社会总产出（Y_t）。用制造业的实际增加值对 Y_t 进行衡量。由于国家统计局未对部分省份的制造业增加值数据进行公布，本部分用各个省份制造业的实际销售总产值衡量 Y_t。

②资本投入（K_t）。用制造业固定资本存量衡量 K_t。采取永续盘存法对制造业的固定资本存量进行计算：

$$K_t = \frac{I_t}{P_t} + (1 - \delta_t)K_{t-1} \tag{7.6}$$

其中，I_t 是制造业当年的名义投资额，用当年新增加的固定资产衡量；P_t 是当年各个细分行业的工业生产者的出厂价格指数；δ_t 是根据固定资产的原值和折旧额计算得到当年的固定资产折旧率；K_t 和 k_{t-1} 是制造业第 t 年和上一年的实际资本存量。

③劳动投入（L_t）。用制造业平均用工人数对当年的劳动投入水平进行衡量。

（2）核心解释变量——劳动力成本变量（Lac）。

本部分研究的核心解释变量为劳动力成本。在考虑了劳动力成本的内涵、影响因素以及参考以往学者的研究基础上，结合本国的实际发展情况，选取制造业城镇单位就业人员的平均工资加上养老、失业、工伤、医疗、生育保险的总和作为劳动力成本的衡量指标。

（3）控制变量。

①人力资本投资变量（Cap）。借鉴焦斌龙和焦志明（2010）两位学者的方法，在永续盘存法的基础上对该变量进行核算[131]。这一方法将物价波动考虑在内，在上期的人力资本存量中将折旧剔除，再与本期人力资本投资新增投资额求和。通过分别估算科研、教育、卫生、迁移和培训的人力资本并加总求和，来对衡量总的当期人力资本存量。

计算公式为：

$$Cap_t = \sum_{i=1}^{5} Cap_{it} = \sum_{i=1}^{5} \left[(1 - \delta_i) \times Cap_{i(t-1)} + I_{it} \right] \tag{7.7}$$

其中，Cap_t 是第 t 年的人力资本存量；Cap_{it} 是第 i 种人力资本在第 t 年的人力资本投资额；I_{it} 是第 i 种人力资本在第 t 年的新增投资额；δ_i 是第 i 种人力资本的折旧率。i = 1，2，3，4，5 分别代表科研、教育、卫生、迁移和培训这五种人力资本。同时本书参考焦斌龙和焦志明（2010）两位学者的研究，将科研、教育、卫生、迁移和培训这五种人力资本的折旧率依次设定为 6.67%、2.33%、3.335%、100% 和 3.335%[131]。

用研发经费支出来衡量科研人力资本。该数据从《中国工业统计年鉴》获得。对 R&D 数据缺失的 1979～1995 年的研发经费，本书在参考了文献研究以后，通过对科学事业费、科研基建费和其他科研事业费进行求和，来作为该变量的替代变量。

考虑到我国的教育人力资本主要由总的投资额和机会成本构成，本书教育人力资本的计算方式为：

$$Cap_{edu} = F_{edu} + F_{socl} + F_{per} + Cost \tag{7.8}$$

$$Cost = \frac{N}{Averagesalary} - Unemploymentrate \tag{7.9}$$

Cap_{edu} 是教育的人力资本；F_{edu} 是国家财政性教育经费投资；F_{socl} 是社会办学经费投资；F_{per} 是个人办学经费投资；$Cost$ 是教育投资的机会成本；N 是当年全国学历水平在高中及以上的总人数；$Averagesalary$ 是当年全国拥有不同学历的职工的平均工资；$Unemploymentrate$ 是我国当年的失业率。

考虑到我国的具体实情，本书用政府、社会以及个人的卫生健康投资费用衡量卫生方面的人力资本。

劳动力的迁移成本指标本书借鉴葛剑雄（1997）的研究，用迁移成本和机会成本衡量迁移方面的人力资本[132]。

$$L_{move} = N_{move} \times Persalary + (Consumer_{city} - Consumer_{rural}) \tag{7.10}$$

L_{move} 为迁移的人力资本；N_{move} 是外地就业的农民工人数，参考葛剑雄（1997）的方法，该数据为农民工总人数的 62.5%；$Persalary$ 是农业年人均纯收入水平[132]。$Consumer_{city}$ 在 2007 年之前用城镇最低收入群体的人均消费支出表示，2007 年之后，用城镇最低收入群体的人均消费支出表示，$Consumer_{rural}$ 为农村居民的人均年消费支出，两者作差表示劳动力的迁移成本。

用职工的在职培训费用衡量培训的人力资本，借鉴谭永生（2007）研究，用企业职工工资总额乘以 1.5% 进行估算[133]。

②城市变化变量（City）。由于产业转型升级、劳动力供需结构变化等，都会推动城市的发展变化，因此本书拟用城市化率衡量城市的变化程度。国内外学者通常使用单一指标法和符合指标法计算城市化率，考虑到计算的准确性、操作的快捷性和考察的全面性，本书使用单一指标法中的人口衡量法计算城市化率：

$$City = \frac{N_{city}}{Totalpopulation} \qquad (7.11)$$

其中，N_{city} 为我国城镇总人口数；Totalpopulation 为当年全国总的人口数量。

③经济增长变量（Ecg）。采用人均 GDP 衡量经济增长程度。人均 GDP 为全国 GDP 占全国总人口的比重。

$$人均 GDP = \frac{GDP}{全国总人口} \qquad (7.12)$$

④技术进步变量（Adt）。用研发经费在国内生产总值中的占比衡量技术进步变量。

$$Adt = \frac{R\&D}{GDP} \qquad (7.13)$$

2. 数据来源与处理

（1）数据来源。

选取全国 1979～2017 年共 39 年的数据，运用 Stata 14.0 软件和 Excel 软件进行实证分析。数据主要来源于《中国统计年鉴》《中国工业统计年鉴》《中国劳动统计年鉴》《中国农村统计年鉴》《中国科技统计年鉴》《新中国六十五年统计年鉴》《中国固定资产投资统计年鉴》，全国 31 个省、自治区、直辖市历年的统计年鉴，中经网统计数据库，国泰安数据库（CSMAR），知网（CNKI）以及国家统计局网站。由于书写本书稿时,《中国工业统计年鉴》还未对 2017 年工业产值的数据进行公布,鉴于数据的可获得性和准确性,本书的研究数据截至 2017 年。

(2) 数据处理。

为了提高研究结论的准确性和可靠性,本书对原始变量指标 i 的数据进行进一步标准化处理。处理后的变量指标令其为 i′:

$$i' = \frac{i - min}{max - min} \tag{7.14}$$

其中,max 和 min 分别为原始变量指标数据中的最大、最小值。

3. 实证模型

为了检验劳动力成本上涨对制造业转型升级产生的影响,本书参考以往学者的研究,通过建立回归模型,对劳动力成本上涨对制造业发展的影响进行检验。

本书模型构建为:

$$STR = \alpha_0 + \alpha_1 \times Lac + \alpha_2 \times Cap + \alpha_3 \times City + \alpha_4 \times Ecg + \alpha_5 \times Adt + \varepsilon \tag{7.15}$$

其中,STR 是制造业转型升级水平,用制造业全要素生产率 TFP 衡量;Lac 是劳动力成本,用制造业城镇单位就业人员的年平均工资加上养老保险等"五险"的总和进行衡量;Cap 是人力资本投资水平,借鉴焦斌龙和焦志明 (2010)[131] 两位学者的方法,通过公式计算人力资本存量对这一变量进行衡量;City 是城市变化程度,通过人口衡量法计算出城市化率进行衡量;Ecg 是经济增长程度,用人均 GDP 衡量;Adt 是技术进步,用研发经费在国内生产总值中的占比衡量;$a_0 - a_5$ 为变量相关系数;ε 是随机扰动项集。

7.2.4　实证分析

1. 描述性统计

表 7.1 列示了对各变量进行描述性统计的相关结果。

表 7.1   **变量描述性统计**

变量名称	符号	观测值	均值	标准差	最小值	最大值
产业转型升级水平	STR	234	1.49	0.71	0.46	2.52
劳动力成本	Lac	234	16911.77	20594.42	549.00	76807.00
人力资本投资状况	Cap	234	26341.80	34137.42	1520.16	128281.55
城市变化程度	City	234	0.35	0.12	0.1792	0.5884
经济增长程度	Ecg	234	2613.76	2566.79	382.00	9011.34
技术进步	Adt	234	1.20	0.46	0.57	2.10

2. Pearson 相关性分析

为了初步检验变量之间的关系，本书拟进行 Pearson 相关性分析。表格 7.2 列示了 Pearson 相关性分析的结果。

由表 7.2 可知，产业转型升级水平 STR 与劳动力成本 Lac 的相关系数为 0.8676，在 1% 的水平上显著，初步说明劳动力成本与产业转型升级之间存在正相关关系，即劳动力成本上涨促进产业转型升级。

表 7.2   **Pearson 相关性分析**

	STR	Lac	Cap	City	Ecg	Adt
STR	1.0000					
Lac	0.8676 *** (0.0000)	1.0000				
Cap	0.8218 *** (0.0000)	0.9942 *** (0.0000)	1.0000			
City	0.9823 *** (0.0000)	0.9367 *** (0.0000)	0.9060 *** (0.0000)	1.0000		
Ecg	0.8839 *** (0.0000)	0.9957 *** (0.0000)	0.9876 *** (0.0000)	0.9485 *** (0.0000)	1.0000	
Adt	0.5261 *** (0.0006)	0.7885 *** (0.0000)	0.8075 *** (0.0000)	0.6298 *** (0.0000)	0.7847 *** (0.0000)	1.0000

注：*** 、** 、* 分别代表回归系数在 1% 、5% 和 10% 的水平上显著，括号内为线性相关系数。

3. 回归分析

为了检验劳动力成本上涨对制造业转型升级产生的影响，进行劳动力成本变量、制造业转型升级变量进行回归分析检验。表 7.3 列示了对模型进行回归分析的结果。

从表 7.3 可以看出，劳动力成本与制造业转型升级在 1% 的水平上显著正相关，劳动力成本上涨促进制造业进行转型升级。猜测这种现象产生是原因有以下几点：一方面，劳动力成本上涨能够通过要素的替代效应对产业转型升级产生影响；另一方面，劳动力成本上涨能够倒逼企业加快培养和吸引创新型人才，提升研发技术，实现产业结构的调整和优化，推动我国由"制造业大国"迈向"制造业强国"迈进；再一方面，劳动者工资水平的提高，带来其消费需求的改变，劳动者在满足基本生活需求的支出之外，还会将费用用于提高生活质量和实现自我提升上，例如用于娱乐、健身、休闲、旅行等方面，这也促进了产业的转型和升级。

表 7.3　　　　　　　　　　　　　　　回归分析

变量	模型
Lac	0. 9443881 *** （0. 007）
Cap	− 1. 129218 *** （0. 000）
City	3. 383698 *** （0. 000）
Ecg	− 0. 1187921 （0. 602）
Adt	− 0. 0208246 （0. 539）
constant	− 0. 6280185 *** （0. 000）

续表

变量	模型
observations	234
R^2	0.9916

注：***、**、*分别代表回归系数在1%、5%和10%的水平上显著，括号内为线性相关系数。

4. 稳健性检验

为了验证研究结果的可靠性和稳健性，本书对关键变量 STR 进行替换。在借鉴王晶（2017）[134]的研究的基础上，用产业结构优化指数对制造业转型升级水平变量 STR 进行替换，在此基础上对我国制造业转型升级水平进行测度，令其为变量 STR′。

$$STR' = \frac{Capin}{Sumvalue} + \frac{Tecin}{Sumvalue} \tag{7.16}$$

其中，STR′为产业结构优化指数；Capin 为资本密集型产业的产值；Sumvalue 为资本、技术、劳动密集型产业的产值之和；Tecin 为技术密集型产业的产值。

将 STR′代入模型验证，发现劳动力成本依然与制造业转型升级呈正相关关系。证明本研究结果是可靠和稳健的。如表7.4所示。

表7.4 **替换关键变量的回归分析**

变量	模型
Lac	0.4730789 ** (0.066)
Cap	−0.6491598 *** (0.001)
City	0.8558058 *** (0.000)
Ecg	−0.0329071 (0.847)

变量	模型
Adt	0. 1243082 *** （0. 000）
constant	0. 2421089 *** （0. 000）
observations	234
R^2	0. 9256

注：*** 、** 、* 分别代表回归系数在 1% 、5% 和 10% 的水平上显著，括号内为线性相关系数。

7.2.5　结论

本部分首先运用层次分析法甄别了劳动力成本上涨的影响因素并进行了基本的典型事实分析。然后将产业转型升级变量 STR 作为被解释变量，将劳动力生产成本 Lac 作为核心解释变量，通过建立回归模型，对劳动力成本上涨对制造业发展的影响进行检验。回归结果表明劳动力成本与制造业转型升级程度成正比，也就是说劳动力成本上涨能够对制造业的转型和升级产生正向促进作用。

7.3　我国制造业转型升级与劳动力
成本上涨的耦合水平评价

本章首先通过 Johansen 协整检验模型分别对我国东中西部有代表性的 12 省份制造行业的全要素生产率 TFP 与劳动力资源投入要素指标进行协整关系检验，然后利用广义脉冲响应分析探讨二者耦合作用机制及耦合路径，最后通过耦合度和耦合协调度模型，计算制造业转型升级与劳动力成本上涨的耦合度和耦合协调度，分别从我国东中西部有代表性的 12 省份制造行业角度对耦合程度和耦合趋势进行分析和总结。

7.3.1 变量指标测度

1. 劳动力成本上涨测度

（1）劳动力成本指标构建。

本章在参考国内外学者文献的基础上，拟采用指标体系法展开研究。基于上文的分析，从劳动力平均工资、劳动力数量、劳动者受教育年限对劳动力资源投入要素进行指标构建，综合反映劳动力成本的上涨情况（LAC），其中劳动力平均工资、劳动力数量、劳动者受教育年限含义同上。具体指标如表7.5所示。

表7.5　　　　　　　劳动力资源要素的生产率指标构建

一级指标	二级指标	指标属性
劳动力成本上涨情况（LAC）	劳动力平均工资	正向（＋）
	劳动力数量	正向（＋）
	劳动者受教育年限	正向（＋）

（2）数据选取和处理。

考虑到各省份经济的发展程度、数据的可获得性和数据结果的全面性，东部地区选取北京、天津、上海、江苏；中部地区选取湖南、安徽、吉林、河南；西部地区：四川、重庆、云南贵州，总共12个省份。选取我国东中西部有代表性的12个省份2007～2017年的数据，运用Eviews 10.0软件和Excel软件进行分析。

为了提高数据的准确性，降低主观赋值的影响，本书通过熵值法通过权重客观反映数据差异，并对各项指标加权计算出综合得分，对LAC进行衡量。借鉴马艳梅等学者（2015）[135]的研究，对上述指标体系中的各项测度指标进行权重计算，处理过程如下，其中 i = 1, 2, …,

43；j = 1，2，3：

①标准化处理。为了便于对最终结果进行评价，需要对指标进行标准化处理。劳动力平均工资、劳动力数量、劳动者受教育年限三个指标都为正向指标，对其进行标准化处理，由于既有年度，又有省份，为了提高标准化效果，对原始数据忽略年度和省份进行标准化得到如下：

$$x'_{ij} = \frac{x_{ij} - \min\{x_{1j}，\cdots，x_{nj}\}}{\max\{x_{1j}，\cdots，x_{nj}\} - \min\{x_{1j}，\cdots，x_{nj}\}} \qquad (7.17)$$

②无量纲化处理。由于难以直接对不同指标单位进行比较，因此为了增强数据的可比性，消除物理量产生的影响，要分别对劳动力平均工资、劳动力数量、劳动者受教育年限指标进行无量纲化处理，以消除量纲差异产生的影响。

进行无量纲化处理，计算第 j 项指标的贡献度为：

$$p_{ij} = \frac{x'_{ij}}{\sum\limits_{i=1}^{n} x_{ij}} \qquad (7.18)$$

③熵值计算。对第 j 项指标的熵值进行计算：

$$s_j = -\frac{1}{\ln n} \sum\limits_{i=1}^{n} p_{ij} \ln(p_{ij}) \qquad (7.19)$$

④差异系数计算。

$$z_j = 1 - s_j \qquad (7.20)$$

⑤权重计算。

$$w_j = \frac{z_j}{\sum\limits_{j=1}^{m} z_j} \qquad (7.21)$$

其中，劳动力平均工资、劳动力数量、劳动者受教育年限三个指标的权重计算结果如表 7.6 ~ 表 7.8 所示。

由表 7.6 可知，东部地区劳动力成本上涨情况的二级指标权重分别是劳动力平均工资 0.1626626，劳动力数量 0.2042895，劳动者受教育年限 0.6330479。整体来看，东部地区劳动力成本中劳动者受教育年限所占权重较高。

表 7.6   东部地区指标权重得分表

一级指标	二级指标	权重	指标属性
劳动力成本上涨 情况（LAC）	劳动力平均工资	0.1626626	正向（＋）
	劳动力数量	0.2042895	正向（＋）
	劳动者受教育年限	0.6330479	正向（＋）

由表 7.7 可知，中部地区劳动力成本上涨情况的二级指标权重分别是劳动力平均工资 0.4679039，劳动力数量 0.3625913，劳动者受教育年限 0.1121877。整体来看，中部地区劳动力成本中劳动力平均工资所占权重较高。

表 7.7   中部地区指标权重得分表

一级指标	二级指标	权重	指标属性
劳动力成本上涨 情况（LAC）	劳动力平均工资	0.4679039	正向（＋）
	劳动力数量	0.3625913	正向（＋）
	劳动者受教育年限	0.1121877	正向（＋）

由表 7.8 可知，西部地区劳动力成本上涨情况的二级指标权重分别是劳动力平均工资 0.2047936，劳动力数量 0.2908413，劳动者受教育年限 0.5043651。整体来看，西部地区劳动力成本中劳动力受教育年限所占权重较高。

表 7.8   西部地区指标权重得分表

一级指标	二级指标	权重	指标属性
劳动力成本上涨 情况（LAC）	劳动力平均工资	0.2047936	正向（＋）
	劳动力数量	0.2908413	正向（＋）
	劳动者受教育年限	0.5043651	正向（＋）

⑥综合得分计算。

$$\text{LAC}_i = \sum_{j=1}^{m} w_j x_{ij} \tag{7.22}$$

按照指标权重计算劳动力成本上涨情况（LAC）的综合得分。其中，x_{ij} 对原始数据标准化以后的数据。

2. 制造业转型升级测度

（1）制造业转型升级指标测算。

用制造行业的全要素生产率 TFP 来作为制造业转型升级水平的替代变量。具体变量名称和数据运算方法同本章第二部分。

（2）数据选取和数据处理。

①数据选取。选取我国东中西部有代表性的 12 个省份 2007 ~ 2017 年的数据，运用 Eviews 10.0 软件和 Excel 软件进行分析，数据来源于《中国统计年鉴》《中国工业统计年鉴》《中国固定资产投资统计年鉴》。

②数据处理。为了提高研究结论的准确性和可靠性，本书对原始变量数据取 ln 值。

7.3.2　模型构建与计量分析

1. 模型构建

本书参考以往学者的研究，运用向量自回归模型（Var 模型）和脉冲响应函数对不同阶段扰动项对 STR 和 LAC 变量的动态冲击的影响进行分析。

拟构建 Var 模型为：

$$\begin{bmatrix} \text{STR}_t \\ \text{LAC}_t \end{bmatrix} = \begin{bmatrix} \alpha_{10} \\ \alpha_{20} \end{bmatrix} + \begin{bmatrix} \alpha_{11} & \beta_{11} \\ \alpha_{21} & \alpha_{21} \end{bmatrix} \begin{bmatrix} \text{STR}_{t-1} \\ \text{LAC}_{t-1} \end{bmatrix} + \cdots + \varepsilon_t \tag{7.23}$$

2. ADF 检验

数据平稳与否会对模型的估计结果产生影响，如果数据不平稳得到的方程为伪回归方程，此时得到的结果并不可靠。由于本书所选指标数据都是时间序列数据，该数据常存在不平稳现象。因此本书首先利用 Eviews 10.0 软件对数据分别进行单位根 ADF 检验。通过比较各个变量的 T 统计量与 5% 置信水平的临界值的大小，若变量的 T 统计量小于 5% 临界值则认为数据通过平稳性检验。若数据没有通过 ADF 检验，则对各变量采取差分处理。若原始数据为非平稳数据，进行差分后的数据平稳，则可以进行协整检验。平稳性检验结果如表 7.9 所示。

表 7.9　　　　　　　　　　数据平稳性检验

变量	T 统计量	5% 置信水平临界值	描述
LAC	0.653863	− 2.885863	不平稳
STR	− 3.018832	− 2.883753	平稳
dLAC	− 5.893235	− 2.885863	平稳
dSTR	− 10.1650	− 2.884109	平稳

注：dx 表示各变量的一阶差分。

3. 最优滞后阶数

本研究属于小样本研究，模型滞后阶数的判定对模型结果的估计至关重要。在对滞后阶数进行反复测算以后，确定最优滞后阶数为 2 阶。最优滞后阶数判定如表 7.10 所示。

表 7.10　　　　　　　　　　最优滞后阶数

滞后阶数	LogL	LR	FPE	AIC	SC	HQ
0	− 119.5269	NA	0.022559	1.884138	1.928476	1.902154
1	− 77.82189	81.47029	0.012573	1.299564	1.432579	1.353611
2	− 52.68557	48.32408 *	0.009061 *	0.971869 *	1.193560 *	1.061947 *
3	− 49.14567	6.695621	0.009127	0.979003	1.289370	1.105111

4. Johansen 协整关系检验

运用 Johansen 协整检验模型进行协整关系检验，结果如表 7.11 和表 7.12 所示。

表 7.11　　　　　　　　　　　迹检验

Hypothesized No. of CE（s）	Eigenvalue	Trace Statistic	0. 05 Critical Value	Prob.
None *	0. 137941	28. 13984	15. 49471	0. 0004
At most 1 *	0. 065767	8. 843781	3. 841466	0. 0029

注：＊表示存在协整关系。

由表 7.11 迹检验可知，在 5% 的水平下至少存在 2 个协整关系，说明制造业转型升级（STR）和劳动力成本（LAC）之间存在长期均衡关系。

表 7.12　　　　　　　　　　最大特征根检验

Hypothesized No. of CE（s）	Eigenvalue	Max – Eigen Statistic	0. 05 Critical Value	Prob.
None *	0. 137941	19. 29606	14. 26460	0. 0073
At most 1 *	0. 065767	8. 843781	3. 841466	0. 0029

注：＊表示存在协整关系。

由表 7.12 最大特征根检验可知，制造业转型升级（STR）和劳动力成本（LAC）在 5% 的水平下存在两个协整方程，具有两个长期均衡关系。

5. 系统稳定性检验

对 Var 系统的稳定性进行检验。结果如图 7.4 所示。

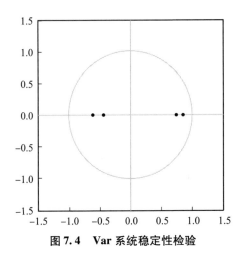

图 7.4 Var 系统稳定性检验

由图 7.4 可知，所有特征值都位于单位圆内部，说明该 Var 系统是稳定的，可以进行脉冲响应分析。

6. 脉冲响应分析

通过脉冲响应分析对制造业转型升级和劳动力成本上涨的耦合作用机制及耦合路径进行探讨，脉冲响应结果如图 7.5 和图 7.6 所示。

图 7.5 为劳动力成本（LAC）对制造业转型升级（STR）变化的脉冲响应图，横轴为冲击作用的滞后期间数，纵轴为劳动力成本（LAC）的响应程度，实线为脉冲响应函数，代表 LAC 对 STR 冲击的反应，虚线代表正负两倍标准差偏离带。

由图 7.5 可知，制造业转型升级的一个单位标准差的正向冲击，第 1 期存在滞后期间，此后 LAC 变化响应均为正值。说明产业转型升级能够带动劳动力成本的上涨。在第 2 期达到最大响应值 0.013，也就是说制造业转型升级的第 3 期对劳动力成本的冲击影响力是最强的。此后波幅越来越小，在 8 期以后基本趋于稳定，说明制造业转型升级（STR）对劳动力成本（LAC）的影响长期存在。制造业转型升级给劳动力成本上涨带来的正向影响不是立即发生的，而是在第 1 期后半段才出现正向反应，体现出制造业转型升级对劳动力成本上涨影响的滞后性特征。

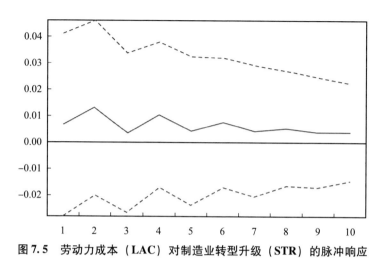

图 7.5　劳动力成本（LAC）对制造业转型升级（STR）的脉冲响应

图 7.6 为劳动力成本（LAC）的冲击引起的制造业转型升级（STR）变化的脉冲响应图，横轴为冲击作用的滞后期间数，纵轴为劳动力成本（LAC）的响应程度，实线为脉冲响应函数，代表 STR 对 LAC 冲击的反应，虚线代表正负两倍标准差偏离带。

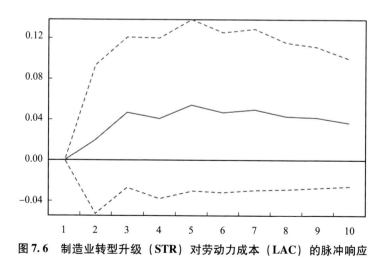

图 7.6　制造业转型升级（STR）对劳动力成本（LAC）的脉冲响应

从图 7.6 可知，劳动力成本的一个单位标准差的正向冲击，第 1 期制造业转型升级存在滞后期间，此后制造业转型升级变化响应均为正值。说明劳动力成本上涨能够促进产业转型升级。从第 1 期到第 3 期 STR 快速响应，此后波幅有所减小，且在第 4 期达到最大响应值 0.054，也就是说劳动力成本上涨（LAC）的第 5 期对制造业转型升级（STR）的冲击影响力是最强的。随后，随着时间的推移，冲击影响力继续波动，直至第 7 期，逐渐趋于平稳。说明劳动力成本（LAC）对制造业转型升级（STR）的影响长期存在，并且劳动力成本上涨给制造业转型升级带来的正向影响不是立即发生的，而是在第 1 期后半段才从 0 开始出现正向反应，体现出制造业转型升级对劳动力成本上涨的响应具有滞后性。

7.3.3 制造业转型升级与劳动力成本上涨耦合模型

前面部分已经通过熵值法计算了反映劳动力成本上涨的各项要素资源投入指标的综合得分。在进行耦合度测度分析之前，还需要将反映制造业转型升级水平的全要素生产率指标进行标准化处理，令其映射在 [0，1] 值域内，处理过程与前文相同，此部分不再进行赘述。

1. 耦合度模型

根据物理学中的容量耦合系统模型，多个系统之间相互作用的耦合度计算公式为：

$$C_n = n \times \sqrt[n]{\frac{(u_1 \cdot u_2 \cdots u_n)}{\prod (u_i + u_j)}} \qquad (7.24)$$

其中，c_n 为 n 个子系统的耦合度，u_i 为第 i 个系统的综合发展水平。由于本章节研究涉及的是两个子系统，分别是劳动力成本上涨程度与制造业转型升级水平。因此，令 n = 2，将上述模型具体为：

$$C_2 = 2 \times \sqrt{\frac{u_1 \cdot u_2}{(u_1 + u_2)(u_1 + u_2)}} \qquad (7.25)$$

更进一步地，可以简化为：

$$C_2 = \frac{2\sqrt{u_1 \cdot u_2}}{u_1 + u_2} \tag{7.26}$$

其中，C 表示系统的耦合度（$0 \leqslant C \leqslant 1$）。若 $C = 0$，说明两个子系统间不存在耦合关系；若 C 的大小趋近于 0，说明两个子系统的耦合度较低；若 $C = 1$，说明两个子系统存在高度耦合。u_1 为制造业转型升级水平；u_2 为劳动力成本上涨程度。

2. 耦合协调度模型

在计算时，如果 u_1 和 u_2 取值相近，会出现最终的评价结果指数与实际不相符的问题，两个子系统在低综合评价指数的情况下，出现高耦合度系数的伪评价结果。这就无法将制造业转型升级程度与劳动力成本上涨水平都较低或者都较高的地区区分开，为了弥补这一缺陷，拟引入新参数构建制造业转型升级程度与劳动力成本上涨水平的耦合协调模型，通过测算耦合协调度来对各子系统之间耦合协调程度的好坏进行反映。模型公式如下：

$$S = \gamma u_1 + \beta u_2 \tag{7.27}$$

$$L = \sqrt{(C \times S)} \tag{7.28}$$

其中，L 为制造业转型升级水平与劳动力成本上涨程度的耦合协调度，一般 $0 \leqslant L \leqslant 1$。L 值越大，子系统的耦合协调程度越好；$\gamma$ 和 β 是待定系数，两者相加之和应当为 1，由于劳动力成本与制造业转型升级在我国社会进步和经济发展进程中都处于重要地位，因此对 γ 和 β 进行赋值，令其为 0.5；C 为耦合度；S 为制造业转型升级与劳动力成本上涨的综合协调指数。

3. 耦合度和协调等级判断标准

与耦合度评价系统的联系强度不同，耦合协调度更加倾向于考量整体的协调发展情况。为了更加直观地对制造业转型升级和劳动力成本上涨的耦合协调发展水平进行评价，本书借鉴侯明利（2020）[136]学者对耦合度的研究，将耦合值按照大小划分为低、中、高三个强度，并对应到低水平耦合、颉颃、磨合和高水平耦合阶段这四个区间内。具体耦合强度分类如表 7.13 所示。

表 7.13　　制造业转型升级与劳动力成本上涨耦合阶段及耦合强度分类

耦合阶段	耦合度区间	耦合强度
高水平耦合	(0.8, 1.0)	高
磨合	(0.5, 0.8]	
颉颃	(0.3, 0.5]	中
低水平耦合	(0, 0.3]	低

借鉴廖重斌（1999）等多位学者对耦合协调度的划分标准，按照制造业转型升级与劳动力成本上涨耦合协调度 L 值的大小，先将总体划分成可接受、过渡、不可接受三个区间范围，在此基础上将其再细分为 10 个基本类型[137-139]。具体如表 7.14 所示。

表 7.14　　制造业转型升级与劳动力成本上涨耦合协调度判定标准

区间	耦合协调度区间	基本类型
可接受	(0.9, 1.0]	优质协调发展
	(0.8, 0.9]	良好协调发展
	(0.7, 0.8]	中级协调发展
	(0.6, 0.7]	初级协调发展
过渡	(0.5, 0.6]	勉强协调发展
	(0.4, 0.5]	濒临失调衰退
不可接受	(0.3, 0.4]	轻度失调衰退
	(0.2, 0.3]	中度失调衰退
	(0.1, 0.2]	重度失调衰退
	(0, 0.1]	极度失调衰退

7.3.4　我国东中西部制造业转型升级与劳动力成本上涨耦合分析

根据上述耦合度模型和耦合协调度模型对我国东中西部有代表性的 12 个省份的制造业转型升级程度与劳动力成本上涨水平的耦合度 C 和耦合协调度 L 分别进行测度。通常在对样本数据进行标准化的时候，将其中的最高值作为理想值。

1. 我国东中西部有代表性的 12 省份耦合度及耦合协调调度测度结果

前面章节分析，我国制造业在不同区域之间的产业转型升级水平与劳动力成本上涨程度之间是存在较大差异的。本部分依据上面建立的耦合度模型分别对我国东、中、西部有代表性的 12 个省份的耦合情况进行计算。表 7.15 ~ 表 7.20 分别列示了我国东、中、西部有代表性的 12 个省份在 2007 ~ 2017 年制造业转型升级与劳动力成本上涨的耦合度和耦合协调度的数值和所处的阶段。

表 7.15　东部地区制造业转型升级与劳动力成本上涨的耦合度

年份	耦合度	耦合强度	耦合阶段
2007	0.7677	高	磨合
2008	0.9684	高	高水平耦合
2009	0.8599	高	高水平耦合
2010	0.7220	高	磨合
2011	0.6533	高	磨合
2012	0.6560	高	磨合
2013	0.8035	高	高水平耦合
2014	0.8913	高	高水平耦合
2015	0.9451	高	高水平耦合
2016	0.8461	高	高水平耦合
2017	0.7740	高	磨合

表 7.16   东部地区制造业转型升级与劳动力成本上涨的耦合协调度

年份	耦合协调度	等级
2007	0.6391	初级协调发展
2008	0.5252	勉强协调发展
2009	0.5701	勉强协调发展
2010	0.7801	中级协调发展
2011	0.9069	优质协调发展
2012	0.9397	优质协调发展
2013	0.8351	良好协调发展
2014	0.7269	中级协调发展
2015	0.6653	初级协调发展
2016	0.8606	良好协调发展
2017	0.9957	优质协调发展

表 7.17   中部地区制造业转型升级与劳动力成本上涨的耦合度

年份	耦合度	耦合强度	耦合阶段
2007	0.7883	高	磨合
2008	0.9107	高	高水平耦合
2009	0.9449	高	高水平耦合
2010	0.7818	高	磨合
2011	0.7329	高	磨合
2012	0.7856	高	磨合
2013	0.8895	高	高水平耦合
2014	0.9932	高	高水平耦合
2015	0.9792	高	高水平耦合
2016	0.9493	高	高水平耦合
2017	0.8896	高	高水平耦合

表 7.18 中部地区制造业转型升级与劳动力成本上涨的耦合协调度

年份	耦合协调度	等级
2007	0.7490	中级协调发展
2008	0.7073	中级协调发展
2009	0.7014	中级协调发展
2010	0.9066	优质协调发展
2011	0.9903	优质协调发展
2012	0.9936	优质协调发展
2013	0.9903	优质协调发展
2014	0.8131	良好协调发展
2015	0.8417	良好协调发展
2016	0.9922	优质协调发展
2017	0.9944	优质协调发展

表 7.19 西部地区制造业转型升级与劳动力成本上涨的耦合度

年份	耦合度	耦合强度	耦合阶段
2007	0.6586	高	磨合
2008	0.8553	高	高水平耦合
2009	0.7885	高	磨合
2010	0.6644	高	磨合
2011	0.6567	高	磨合
2012	0.7231	高	磨合
2013	0.8469	高	高水平耦合
2014	0.9270	高	高水平耦合
2015	0.9852	高	高水平耦合
2016	0.8665	高	高水平耦合
2017	0.7905	高	磨合

表 7.20　西部地区制造业转型升级与劳动力成本上涨的耦合协调度

年份	耦合协调度	等级
2007	0.6555	初级协调发展
2008	0.5976	勉强协调发展
2009	0.6779	初级协调发展
2010	0.8124	良好协调发展
2011	0.9804	优质协调发展
2012	0.9653	优质协调发展
2013	0.8974	良好协调发展
2014	0.7736	中级协调发展
2015	0.7863	中级协调发展
2016	0.9723	优质协调发展
2017	0.9944	优质协调发展

2. 我国东中西部有代表性的 12 省份耦合度及分析

图 7.7 是 2007～2017 年我国东、中、西部地区有代表性的 12 个省份制造业转型升级和劳动力成本上涨的耦合度曲线，从趋势来看，东、

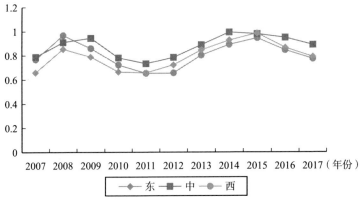

图 7.7　2007～2017 年我国东、中、西部地区有代表性的

12 个省份 STR 与 LAC 的耦合度

中、西部地区的变化趋势趋于一致，先上升再下降再上升再下降，但总体上是上升的，这说明我国制造业转型升级和劳动力成本上涨之间的互促作用总体上是在增强的。其中，西部地区的上升趋势最为明显，从 2007 年低于东部和中部地区，到 2011 年超过东部地区，再到 2015 年基本与中部地区持平东部地区上升幅度明显低于中部地区。

从表 7.15 来看，东部地区一直在磨合阶段和高水平阶段之间波动，但都是在高强度耦合区间；从表 7.17 来看，中部地区 2007 年时处于磨合阶段，到 2008 年连续两年进入高水平耦合阶段，从 2010 年起又回到磨合阶段，2013 年重新进入高水平耦合阶段，但是始终处于高强度耦合区间；从表 7.19 来看，西部地区起初 2007 年处于磨合阶段，2008 年进入高水平耦合阶段，2009 年起直到 2012 年都处于磨合阶段，自 2013 年重新进入高水平阶段，2017 年数值回到磨合阶段，但数值非常接近 0.8。

3. 我国东中西部有代表性的 12 省份耦合协调度及分析

耦合度只能反映我国东、中、西部地区有代表性的 12 个省份制造业转型升级与劳动力成本上涨之间相互联系的强度，本部分对二者的协调发展情况进行进一步的分析。图 7.8 展示了 2007～2017 年我国东、

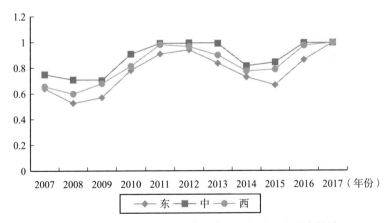

图 7.8　2007～2017 年我国东、中、西部地区有代表性的
12 个省份 STR 与 LAC 的耦合协调度

中、西部地区有代表性的 12 个省份制造业转型升级与劳动力成本上涨的耦合协调度，三条曲线变化趋势基本一致，且总体来看，都呈现出上升状态。其中，中部地区的耦合协调度最高，从最初的中级协调发展阶段（0.7，0.8］上升到优质协调发展阶段（0.9，1.0］。东部地区和西部地区则均由初级协调发展（0.6，0.7］上升到优质协调发展阶段（0.9，1.0］。从区间来看，东、中、西部地区都位于可接受区间（0.6，1.0］。

7.3.5 结论

本章首先对制造业转型升级与劳动力成本上涨的耦合度和耦合协调度模型进行了构建，并对制造业转型升级和劳动力成本上涨之间的耦合度 C 和耦合协调度 L 数值进行了测度。然后，更进一步地分别从区域层面对 2007～2017 年我国东、中、西部地区有代表性的 12 个省份的制造业转型升级与劳动力成本上涨的耦合度和耦合协调度进行了分析。

我国中部地区制造业转型升级与劳动力成本上涨的耦合度和耦合协调度最高，且东、中、西部地区的变化趋势相似。中部地区的耦合度和耦合协调度最高。从耦合度来看，东部地区和西部地区 2017 年均回到磨合阶段，而中部地区仍处于高水平耦合阶段，且耦合强度高。从耦合协调度来看，东、中、西部地区均已进入优质协调发展阶段，处于可接受区间内。

7.4 本章小结

本章首先通过梳理文献，对制造业转型升级与劳动力成本上涨的耦合机理进行梳理和总结，明确了耦合的动因和耦合机制。从耦合动因来看，劳动力成本上涨是长期且必然的趋势，而实现制造业转型升级和劳动力成本上涨的良性耦合能促使我国实现从"制造业大国"迈向"制造业强国"的跨越。实现制造业转型升级和劳动力成本上涨的良性耦合。从耦合机制来看，分别从制造业转型升级对劳动力成本上涨的作用和劳动力成本上涨对制造业转型升级的作用两方面进行了论述。就前者的影响来说，制造业转型升级能够提高对该行业人力资源素质的要求、扩大对就业人数的需求。就后者影响来说，劳动力成本上涨能够带来要素结构的改变、推动技术的进步、改变劳动者的消费需求、影响劳动力的产业转移。客观条件和环境有助于促进二者的加速耦合。与此同时，耦合还存在一定脆弱性，减少行业对于廉价劳动力（低技能劳动力）的依赖程度、在中西部地区实现制造业转型升级和劳动力成本上涨的良性耦合、当地政府人员短视行为等现象的存在都有可能导致的制造业转型升级与劳动力成本上涨之间的耦合水平变低。

其次，在前面章节理论分析的基础上，初步判断劳动力成本上涨对制造业转型升级会产生正向促进作用。并进行了实证检验，第一步运用层次分析法甄别劳动力成本上涨的影响因素，第二步根据指标数据进行基本的典型事实分析。本书认为，对制造业来说，劳动力成本上涨受到劳动力需求扩大、劳动力再生产成本增加和劳动力人口受教育水平升高的影响。此外，本书通过建立回归模型，运用 Stata 14.0 软件和 Excel 软件对劳动力成本上涨对制造业发展的影响进行了检验，认为劳动力成本上涨能够促进制造业的转型升级。

最后，再次对劳动力成本上涨测度和制造业转型升级测度进行指标构建，建立向量自回归模型（Var 模型），运用 Eviews 10.0 软件通过 Johansen 协整检验模型分别对我国东部、中部、西部有代表性的 12 省份制造行业的全要素生产率 TFP 与劳动力资源投入要素指标进行协整关系检验，证明两者之间存在显著的协整关系，协整方程是显著成立的。在此基础上进行了广义脉冲响应分析，对二者耦合机制进行了分析和探讨。产业转型升级能够带动劳动力成本的上涨，且这种影响长期存在。制造业转型升级给劳动力成本上涨带来的正向影响不是立即发生的，而是存在一定的滞后期间。劳动力成本上涨能够促进产业转型升级，并且这种影响长期存在。劳动力成本上涨给制造业转型升级带来的正向影响不是立即发生的，体现出制造业转型升级对劳动力成本上涨的响应具有滞后性。通过建立耦合度模型和耦合协调度模型，从区域层面对我国东中西部有代表性的 12 个省份的制造业转型升级程度与劳动力成本上涨水平的耦合度和耦合协调度分别进行计算和分析，探讨二者耦合作用机制及耦合路径。我国中部地区制造业转型升级与劳动力成本上涨的耦合度和耦合协调度最高，且东、中、西部地区的变化趋势相似。中部地区的耦合度和耦合协调度最高。从耦合度来看，东部地区和西部地区 2017 年均回到磨合阶段，而中部地区仍处于高水平耦合阶段，且耦合强度高。从耦合协调度来看，东、中、西部地区均已进入优质协发展阶段，处于可接受区间内。

第8章

研究结论与政策建议

8.1 研究结论

通过理论分析与实证检验，得出如下主要结论：

（1）2009～2019 年中国大部分省份的制造业转型升级水平在上升，但也有部分省份出现下降，呈现出两极分化的趋势。

（2）通过制造业的上市公司的全要素生产率分析，中部和西部的省份依靠自身禀赋优势和集聚效应，能够较好地带动本地区经济的发展，东部地区在近几年由于产业发展的侧重点和行业竞争较为激烈，产生了制造业产业的不平衡性和重复性等问题，对于制造业行业的内耗和资源配置不合理。

（3）劳动力成本具有明显的企业差异、行业差异和地区差异，在缓解劳动力成本上涨对经济增长的负面影响方面，不能采取"一刀切"措施，要结合企业、行业、地区特点制定针对性措施。

（4）制造企业要把着重点放在行业设备、技术水平以及研发投入上，促进行业生产率的提高，推动行业和经济发展，加快劳动密集型行业向资本密集型、技术密集型行业转型。

（5）由于制造业行业发展状况不同，2009～2019 年制造业劳动力规模缩小，劳动力成本上升且速度较快，制造业平均工资、工资总额存在上涨趋势。

（6）不同地区的企业出于成本和投入的考虑，选择进行产业转移，劳动者手中可支配收入提高也会使企业更加重视技术水平以带来更大收益，劳动力成本上涨会影响行业的转型升级。

（7）劳动力成本上涨能够对制造业的转型和升级产生正向促进作用，但是劳动力成本上涨给制造业转型升级带来的正向影响不是立即发生的，体现出制造业转型升级对劳动力成本上涨的响应具有滞后性。

（8）我国中部地区制造业转型升级与劳动力成本上涨的耦合度和耦合协调度最高，且东、中、西部地区的变化趋势相似。从耦合度来看，东部地区和西部地区 2017 年均回到磨合阶段，而中部地区仍处于高水平耦合阶段，且耦合强度高。从耦合协调度来看，东、中、西部地区均已进入优质协调发展阶段，处于可接受区间内。

本章将在前文相关理论基础与数据模型分析结果的基础上，根据分析得出的劳动力成本上涨的原因，从政府、市场、企业与劳动者三重角度对劳动力成本上升以及制造业产业升级提出对应的政策建议。并且对美国、德国等国家劳动力成本管理模式进行有效借鉴，制定"以政府保障为前提，劳动者素质与技能培训为基础，制造业市场竞争力提高为核心，企业劳动力成本管理为主体"的"四位一体"实现二者耦合的对策建议。

8.2　政　策　建　议

基于我国制造业转型升级与劳动力成本上涨耦合情况的研究结论，通过利用"以政府保障为前提，劳动者素质与技能培训为基础，制造业市场竞争力提高为核心，企业劳动力成本管理为主体"的"四位一体"实现二者耦合路径，从政府角度，行业角度，企业角度，劳动者自身角度提出下列政策建议。

8.2.1　政府角度

1. 针对不同行业采取差异化的产业政策

我国制造业规模大、行业种类多，并且大多数制造业行业还拥有许多细分产业，目前劳动力本上涨已经是大势所趋，政府应当根据不同的产业发展状况灵活制定不同的政策，来促进相对行业的产业升级。

前些年来，我国制造业经济发展迅速，在制造业取得长足发展的同时，各行业对于要素禀赋的需求给也发生了巨大转变。在劳动力成本上涨的大趋势之下，劳动力密集型产业的已经在逐渐失去成本优势[105]。但在劳动密集型产业失去优势的同时，技术密集型产业与资本密集型产业开始逐渐显现出自己的优势，产业链上游具有技术优势的企业在市场中逐渐占据主导地位，并且赢得了对应市场中很大一部分利润。我国制造业很大一部分企业是属于下游产业，曾经可以依靠较低的劳动力成本与自身的大规模取得一部分利润，不过总体而言利润率低。由此可以看出，我国政府需要根据不同产业目前的发展状况以及对于要素禀赋的需求制定实施不用的产业政策，促进与帮助企业进行产业升级。

对于一些落后产业要进行管制，改变落后产业高资源消耗低生产效率的问题。引导他们从在生产中大范围使用传统劳动力向用高新技术来代替传统生产力过渡。同时提高生产水平与产品质量，积极引导企业提高自身生产效率，摆脱对于传统劳动力的依赖，打造品牌优势以及质量优势来弥补劳动力成本上涨带来的劣势。对于蓬勃发展的高新技术产业，政府要推出对应政策为其进行减负，以增加企业的活力。

2. 完善技术创新激励制度以技术进步促进产业升级

在过去十几年的时间里，我国进行了大量的技术引进，这种手段风险小、收益见效快，从短期来看对于我国整体生产能力以及行业生产水平的提升效果着实显著，在短时间内迅速缩小了我们与世界先进国家的科技水平差距。不过结合当今一些时事，诸如：华为手机芯片被断供、美国断供中兴零部件等事件，不难看出，技术引进并不是长久之计，企业也无法通过这种方式取得其他国家手中最核心、最先进的相关技术。并且对国外技术大量引进的同时，也减少了我国制造业产业对于自主研发的积极性。促进与激励自主研发，才是促进产业升级的重中之重。目前，我国尚缺乏完善的技术创新激励制度，这也在一定程度上削减了我国企业自主创新的积极性，束缚了企业自主创新能力。所以，完善技术创新激励制度是加速我国制造业产业升级的一个关键点。

产权制度是市场经济有序运行的重要保障，产权制度明确划分了创新成果与创新者之间的法律关系。由此可见，建立技术创新产权激励制度，是一个十分有效的创新激励方式。技术创新活动只有在安全且有序的环境中，完善却明确的社会制度下才能稳步进行。明确产权责任关系，建立完善的创新激励制度，是技术创新发展的一大保障（范佳颖和杨梦圆，2021）[140]。由于知识产权保护制度在产权保护体系中起到了重大的作用，并且知识产权制度也是激励产权创新的途径，所以加大对知识产权的保护力度，同时健全完善关于知识产权保护的法律法规，并且对于产权保护法律法规的执行力度，对于完善技术创新激励制度有着非常大的意义。

政府应当在完善相关法律法规的同时，对于知识产权保护问题建立专项资金。让企业的自主创新行为以及对于高新技术的开发拥有政府资金的支持以及完善法律体系的保护。在企业科研攻关中遇到资金不足的困境，可以申请此部分资金支持。以此来减小企业自主研发的风险，保证企业的稳步运行，提高企业决策者对于自主创新的积极性，打消对于资金不足、沉没成本高、研发风险大的顾虑。也可以从税收制度入手，通过税收优惠政策来激励企业的自主创新活动。

通过政策性手段拓宽企业的融资渠道，政府可以通过政策引导积极鼓励社会上的闲散资金投入发展潜力大、实用性强的企业创新研究开发活动中，满足企业自主创新活动中大量的资金需求，预防企业因为技术研发而导致资金链断裂、企业正常运行受阻的问题。

健全市场激励制度。市场发挥资源配置作用的前提条件是市场制度是否完善。企业的各种活动都脱离不了市场的大环境。所以，市场激励制度会直接影响到企业正常生存与发展，对于企业的自主创新亦有重要意义。市场激励制度的完善可以从规范市场的竞争秩序，打击市场垄断行为，建立健全市场法律法规入手。

3. 提高劳动者素质，助力产业升级

我国大部分制造业行业劳动力存在一个问题就是劳动力水平整体不高，很大一部分人还在从事简单的体力劳动，高技术高学历人才相对匮乏，这也是制约制造业产业升级的原因之一。人力资源对于产业升级的良性作用显而易见，由此可见对于劳动者整体素质的提高，也是促进制造业产业升级的方法之一。

政府为促进劳动者素质的提高，应当加大对于教育投资的力度。教育投资并非只是经济资本的投入，应当重视人力资本的投资，吸引高端人才走向教育行业也是教育投资的一种方式。教育资金的投入也应当确保，在"十三五"时期，我国在教育方面投资实现了"一个不低于、两个只增不减"：保证国家财政性教育经费支出占国内生产总值的比例一般不低于4%，确保财政一般公共预算教育支出，以及按在校学生人数平均的一般公共预算教育支出逐年只增不减。教育投资应继续保持增长，缩小与发达国家的差距。

重视发展职业教育。毫无疑问，推动企业转型升级的中坚力量是人才，我国作为制造业大国，制造业转型升级的过程中对于人才数量与种类的需求相当之大。不过在目前我国劳动力市场中技术型人才因为工作环境差、待遇水平普遍不高以及我国对于教育的传统观念的影响，愿意投身于技术型工作的人才少之又少，自2014年开始，我国制造业产业就曾出现"用工荒"的问题，而与此同时大学生"毕业即失业""找工作难"等现象也层出不穷，这个不仅暴露了我国劳动力市场

供求关系不协调的现象，更揭示了我国之前政策导向存在不合理之处。要解决类似问题除了要提高技术性工作的工作待遇，改善工作环境，更是要从教育政策入手，以政策导向带动技术型人才培养方面的发展。我国对于职业教育的认知观念比较落后，职业教育对于学生以及学生家长的吸引力较低。社会大众普遍看重学历教育，轻视职业教育，也是我国制造业劳动力素质整体较低的原因之一。应当打破传统观念，提高技术工人的社会地位，甚至可以制定优待政策，激发鼓励学生学习技术的积极性。为了紧跟科技发展潮流，重点培养产业结构优化升级所需要的技术型人才，应该不断提高职业教育学生的素质水平，大力发展高等职业教育，加大对于职业院校的资金投入以及基础设施建设。应当以市场需求为导向，制定完善的职业教育培训体制。职业院校应根据市场的需求，制定不同的学习内容以及考察要求，培养技术能力高超、满足行业技术需求的学生。政府应当鼓励学校与企业相互合作，深化"产学结合"实现校企合作，一方面企业可以为学校提供信息以及资本支持，学校可以为企业对口提供所需要的人才，对于学生而言一方面保障了就业，另一方面提升了自己对于产业调整的适应能力，一举多得。

创新人才培养模式。目前我国的普通教育考试以及学生的选拔方式还是以应试教育为主，人才的培养模式单一，个人能力没有得到全方位的发展，在校期间缺乏实践经历和专业技能教育，很多时候无法做到学以致用。在这种环境下培养出来的学生相对而言实践能力与创新能力不强，无法满足制造业转型升级对于技术型和创新型人才的需求（谢孟军，2023）。应当创新教学方式，在教学过程中改变以往的"填鸭式教育"，改变应试教育的本质，提高学生创新能力与实践能力。实现学术性教育与技术教育的结合，促进产学结合，实现学以致用。

4. 强化政府在"产学研深度融合"中的指导作用

政府应当在"产学研深度融合"中起到导向性作用，通过新政策来引导"产学研深度融合"的方向。同时加大资金投入与基础设施建设的力度。要在基础设施硬件方面满足政策所需，才能为"产学研深度融合"提供充足且源源不断的动力。

各地政府应当推出适宜当地的人才引进政策，并且在科研平台建设方面加大力度，吸引且留住创新型人才资源。要立足于当地制造业行业存在的实际问题，在相关领域杰出人才身上狠下功夫。对于本地高校多的地区更应该，大力出台人才引机制度以及专业人才落户优惠政策，凭借"近水楼台先得月"的地域优势，积极吸引当地大学的创新资源，同时可以推出落户优惠政策，吸引行业所需的研究生博士生等高学历人才落户定居。真正将当地的教育资源优势转变为人才优势，把学校培养出的专业型人才真正变成推动当地技术转型升级的推动力。另外应该推出鼓励企业建立科研平台的相关政策，根据企业从事的产业不同，自身发展方向不同，所需要的要素禀赋不同，大力鼓励企业建设自己的研发中心，政府也应当大力扶持，提高企业的科研水平，促进科研创新成果的完成与转化。以政策为导向，引导企业与高校充分发挥自身优势与资源，保证在转型过程中创新成果的成果转化。

政府在这个过程中应当加大资金的投入力度。目前我国在科技方面的投融资渠道比较单一，政府应当拓宽科技企业的投融资渠道，带动社会上的闲散资本流向创新研发，开发创业投资、科技担保贷款等金融创新产品和平台，推动科技创新链条与金融创新链条的有机融合，切实解决科技企业融资贵、融资难、融资慢的问题。着力建设大数据支撑平台，为企业的发展提供可靠却充足的数据支持。通过政策来引导自己的流向，为企业在自主研发技术创新过程中提供可靠的资金保障。

5. 深化金融体制改革，拓宽企业融资渠道

目前，因为我国金融体系存在的发展平衡不充分的问题，在一些程度上已经无法满足制造业企业转型升级所需要的金融供给。只有通过深化金融供给侧改革，才能让金融体系更好地为制造业跟实体经济提供充足的服务，为制造业转型升级提供助力。降低制造业企业的融

资难度，拓宽融资渠道，对于促进制造业转型升级有着非同寻常的意义。以助力制造业企业转型升级为目标，结合企业的实际需求，设计出相对于这些需求具有针对性的金融政策以及金融产品，满足企业在创新研发过程中的资本需求，降低制造业企业的融资成本与融资难度，使金融体系高精度的服务于制造业转型升级。

从目前来看，我国大多数制造业企业最多使用的融资方式仍然是银行信贷。所以，银行业的政策变更会在一定程度上对制造业的转型升级造成影响。为了更好地保障制造业转型升级的有序进行，使实体经济蓬勃发展，国有银行应当针对制造业企业制定对应帮扶政策，比如说增加信贷储量，这样可以使制造业企业通过信贷更容易的取得资金支持，大型股份制银行业应当积极响应。制定差异化的信贷政策，调整中长期贷款利率，使企业敢贷款，而且降低融资成本为企业减负。另外应该保证金融信息的时效性与有效性，可以建立专门的制造企业融资平台，更好地服务于制造业转型升级。

并且在当今形势之下，制造业高质量高标准发展已成趋势，并且金融服务的要求更加多元化、综合化、精准化。所以说简单的银行信贷无法满足制造业转型升级实现高质量发展的资金需求。为了满足企业生产技术革新、人才引进以及进一步规模化发展的金融需求，需要进一步拓宽制造业企业的融资渠道，建设多方位、全过程的金融服务体系。首先，政府对于制造业企业股权融资的方式应该继续实行政策性支持。其次，对于发展潜力大，势头好，征信情况良好的优质民营企业，政府应当支持他们扩大债券融资的规模，这样有利于多层次资本市场的建立健全，制造业企业的外部融资能力强，才能保证在转型升级过程中的资金需求。不过我国制造业企业普遍自身也存在一些问题，例如：企业负债率高，运行风险大等。由此，应当普及金融科技手段在这个体系中的应用，建立可靠的信息共享平台，借助目前大数据化的时代优势，对企业的信用情况，经营情况进行充分的判断，为资质好、信用佳的制造业优质企业提供方便快捷且实用的金融支持。另外，政府还应积极鼓励证券机构积极培育，投资于高端制造业企业和促进传统制造业技术改造的金融工具，鼓励第三方担保机构对高端制造研发项目提供增信服务，并相应地鼓励和推动股权市场融资政策出台。以便制造业企业拓宽融资渠道，解决制造业企业融资难、融资贵的问题。

另外应当因地制宜，积极探索出符合中国当下国情的政府引导型金融发展新模式。我国制造业现状不同于发达国家以大企业为中坚力量的状况，在我国中小企业依旧在制造业行业中依旧占有很大比重，中小企业的发展状况会直接影响到我国制造业转型升级的进程。不过中小企业大多属于弱势群体，不能获得足够的金融支持，并且企业自身规模不大，资金实力一般，仅依靠自身的资源很难完成生产力的转型升级。在这种情况下，政府引导型的金融发展能极大地助力于新兴、高技术类的中小企业的转型升级。这种方式首先可以解决市场失灵的问题，另外可以最大限度发挥金融市场的效率优势。另外政府应当坚持以市场主导为基础，引导金融业回归本源聚焦主业。为制造业中小企业转型升级创造良好的环境，为企业的自主研发铺平道路。

6. 科学制定制造业中劳动密集型产业的发展蓝图

政府应当从战略发展的高度，将劳动力价格形成机制的变革与劳动力要素价格市场化置于经济结构调整的核心地位，采取市场化要素价格机制的渠道来重新规划塑造劳动力市场的产业结构。政府应当由单纯的行政职能向以市场为主导来转变，通过以市场为主导的形式推动制造业经济的结构转变。使市场主体在制造业产业转型升级、资源分配机制的调整、创新的强化和区位的选择中自发性、全面性的发挥自身作用。

政府也应当结合当下形势科学适当的制定制造业产业政策。在2019 年 6 月国务院印发《关于促进乡村产业振兴的指导意见》之后，各地区乡村产业蓬勃发展，一年之内打造特色品牌十万余个，畜牧业农业产值增量明显。由此可见，在目前我国这种市场经济与计划并轨的社会现状之下，国家的相关政策对于一个产业的未来发展具有指导性作用，相关政策可以影响一个产业接下来数年的发展势头，甚至于决定一个产业未来的发展前景。从短期来看，传统的制造业劳动密集型产业依旧可以创造可观的经济价值，而且在吸纳就业、解决就业问题方面也具有相当重要的意义。不过从长期来看，制造业产业由劳动密集型向资本密集型、技术密集型转型已经是大势所趋，随着我国经济的发展，人民生活水平的提高，劳动力成本也会进一步上升，这一趋势也会更加明显。目前我国制造业劳动密集型行业不在少数，比起等待市场"优胜劣汰"使部分产能落后的产业倒闭破产，又或者在新形势的压迫之下艰难的寻求转型升级，不如自己主动谋求转型，推出把企业向更高级别发展的引导性政策。积极鼓励企业进行工艺创新以及产能升级，推出税收优惠政策以及奇特政策性的保障。

8.2.2 行业角度

按照我国目前制造业企业的构成形式，劳动密集型产业依旧占有非常可观的比例。我国制造产业增长方式比较粗放，进行产业升级是应对未来发展挑战的必由之路，在当今形势之下，我们首先要利用好我国丰富的劳动力资源的优势，在劳动力成本上涨的严峻挑战之下，走制造业创新型发展的道路。

1. 推进制造行业的差异化发展

随着劳动力成本的上升，我国在劳动力密集型产业的发展上已经失去了优势，不仅我国制造业企业发展受阻，劳动密集型行业的发展也受到了亚洲其他低劳动力成本国家的威胁，比如说前些年耐克与三星工厂纷纷迁出中国落户越南。鉴于此，我国制造业行业应该推出具有自身特色的差异性产品，凭借自身独特的产品定位以及特殊设计在国际市场中抢占一席之地。劳动力成本上升也意味着人民收入的提高，人民收入提高生活的基本需求也得到了满足，人们便会开始对个性化的产品产生追求。而且通过产品的产业化发展也可以有效减弱产品同质化的危害，使行业内企业避免打价格战等恶性竞争。也就在劳动力成本上涨的背景下尽量保证了企业的利润。前几年的服装行业的"国潮风"就是一个很好的例子。"国潮"指的是潮流款式的外形设计，并且在对应潮流产品中加入特有的中国元素。服装行业中最早在设计中引入国潮元素的大企业是李宁，2018 年李宁携"国潮"新品"悟道"系列登陆法国巴黎时装周，一时间引起了媒体的广大关注，该系列产品不仅在国内销量可观，而且在国外依旧受到追捧，甚至"一鞋难求"。正是因为以往运动服装制造行业一味地模仿西式运动服，造成了消费者审美疲劳，"国潮"服装这种差异化产品才能凭借自身特有的中国文化元素从产品中脱颖而出。

2. 加强制造行业价值链延伸与增值

我国制造业企业应当成为技术含量高、产品质量好的新型制造业，完成由"中国制造"到"中国智造"的转型升级。在以往的国际贸易合作中，我国依靠优质且价格低廉的生产原材料，以及丰厚且廉价的劳动力资源，吸引了大量跨国贸易公司在我国投资建厂。不过我国始终通过买卖原材料，或者帮国外生产技术先进的制造业企业从事低技术含量半成品的生产，或者进行简单装配操作来赚取利润。由此，我国制造业企业一直在国际合作与国际生产价值链中处于比较低端的地位，所能享有的利润也是比较少。另外因为我国拥有多种类、大数量的原材料资源供应，以及较大人口基数带来的消费大市场，某些发达国家的跨国公司控制了主要的科技以及相关生产技术，同时也具有较强的品牌效应，所以直接在我国就地采购原料并且加工生产，最后再卖到我国的消费者手中，从而获得收益。从目前形势来看，我国在国际贸易的价值链中无法取得最大的利益。并且因为我国制造业企业自主创新能力差，科技水平低经常出现被外国企业"卡脖子"的现象。制造业行业想要打破这种现状就需要依靠我国劳动力资源丰厚的优势，利用技术资本的投入，对传统的生产技术进行升级改造。另外需要结合科学的管理理念，提高管理效率，对整个行业结构进行升级和改造，生产附加值高、科技含量高、产品利润高的商品。制造业细分行业的领军企业应当做出表率，建立起高素质的研发团队，建立良好的产品研发平台以供新产品的研发以及测试。同时，行业领军企业可以带动其他企业的对于生产技术的研发与创新。面对劳动力成本上升的新形势，积极进行产业升级发展技术含量高、科技实力强的新型制造业，是我国制造业行业的最佳道路也是转型升级的必由之路。

我国制造业产品深加工程度有所不足，产业增值链有待延伸。面对劳动力价格上升的趋势，制造业增加产品附加值是大势所趋。如果产业增值链长度不够，当某一环节受到外部因素的影响时，制造环境就很容易受到影响而发生转变。当制造业产业增值链延长时，当中间某一环节受到外部环境影响是可以在一定程度上规避风险，另外，制造业产业链的延长，扩大了中间产品的采购，提高了本地中间产品的采购率，对内企业的辐射带动效应大大增强。

面对劳动力成本上涨的大环境，以及我国在国际分工中投入最多劳动力成本却取得相对较少利润的现状。制造业行业应该认真分析劳动力上涨所带来的机遇与挑战，想发设法从世界贸易中取得更多的利润。制造行业要加大科技创新力度，在我国在国际贸易竞争中低成本劳动力成本的优势逐渐消逝的情况下，努力通过科技创新打造我国新的行业优势。通过自身创新能力，打造差异化产品创造自身的品牌价值。

8.2.3　企业角度

1. 企业要对劳动力成本上涨的新形势有清晰的认知

在当前经济结构调整的背景下，"十二五"规划提出要逐步提高最低工资标准，提高劳动报酬在国民收入分配的比重。加之我国人口老龄化现象日渐严重，并且人口生育率一直处在一个较低水平，导致劳动力适龄人口的供给不足，曾经一些制造业大省也一度出现了也"用工荒"的问题。另外政府为了推进"以人为本的新型城镇化"，规定企业要为农民工缴纳"五险"。无论是从劳动力供给机构的变化又或者政府政策引导，我们不难看出劳动力成本的上升并不是一个短期出现问题，它会在接下来较长一段时间内持续存在，企业应当认识到这种问题的必然性，并且以此次劳动力成本上升为机遇，促进与推动生产技术的转型与升级。前段时期，国际上制造业分工向垂直专业化的发展的趋势日渐明显，中国制造业产业凭借自身劳动力成本低廉和较大的劳动力资源体量，在发达国家跨国贸易企业价值链调整的背景下，加入了全球贸易的价值链，并以此取得了一部分利润。不过因为我国部分制造业企业缺少品牌影响力、先进技术和销售渠道等进入全球市场的必要因素，所以我国许多制造业跨国企业被制约在价值链的低端环节。最常见就是为发达国家大品牌代工产品，如富士康、阿迪达斯和耐克代工厂等。我们要谋求制造业的长足发展，摆脱目前制造业所处的困境，首先要从对低要素成本的过度需求中摆脱，由依靠劳动力创造价值向由先进技术、创新发展创造价值转变。劳动力成本上涨的新趋势也会对于制造业的技术革新、转变生产方式起到激励作用，从而提升我国制造业企业在全球市场中的竞争力。

2. 防止对于技术引进的依赖

对于企业而言，技术引进这种途径风险低、收益见效快。在以往一段时期，我国制造业依靠这种方式以一种较快的速度缩小了我们与世界发达国家的技术差距。虽然在目前劳动力上涨的趋势之下，如果企业当下没有足够的资源来进行自主研发的技术创新时，技术引进仍不失为一种有效的方式。不过企业应当尽量摆脱对于技术引进方式的依赖，以及对于引进取得的技术在使用中不经过消化吸收学习单纯使用的行为。如果企业做不到这两点，就很容易陷入引进技术之后依旧落后，落后再去引进，引进依旧落后的恶性循环，这种行为在长期来看无法解决技术落后现状，并且会导致大量资金外流，不利于企业发展。企业应当杜绝这种急功近利的行为，没有自主创新能力也应该有足够对于外来技术的消化吸收能力。对于引进技术的充分吸收学习才能把引进技术的利用效率最大化，可以在短时间内以低成本、低风险的方式提高企业的相关知识储备，为企业自主创新研发的进行打下坚实的基础，从而摆脱对于技术引进的依赖。

3. 重视企业人力资本，响应国家"产学研深度融合"的号召

对企业而言，高技术人才是企业进行技术创新实现转型升级的重要力量。对于高技术人才的吸引与培养是企业生产技术革新的一大保障。就目前形势而言，在制造业企业之中，高层次科研人员数量较少，许多企业依旧不愿意将资本用在科研人才的引进之中。因此，企业技术很多时候还是依赖技术引进，缺乏自主创新活力和能力，掌握尖端科技的发达国家也不会将最新技术卖给国内制造业企业，也就很难完成转型升级。

企业是作为"产学研深度融合"中的三方主体，应当深化"产学研深度结合"的观念，别结合实际行动落实。制造业产业转型升级、生产技术进步革新是时代的大趋势，企业应当更加重视，以供给侧改革的潮流为契机，促进拘束产业转型升级。通过产学集合来更换过去陈旧低效率的生产方式，发展新的动能增长方式，树立自主创新研发的长期发展战略，加强对于科研人才的引进，对于前景好、潜力大的项目要加大科研力度，要区分好自主创新、共同研发、市场推广三者之间的关系，从企业自身的发展现状出发，不对国外技术的引进盲目追求，选择适合与企业现状相匹配的产学研发展战略，踏实提升企业自身的自主创新能力（王艺，2019[141]）。

企业应当增加跟学校或者科研机构合作的方式，不仅仅局限于"校企合作"、建立实践基地和参观实习等方式。企业应当利用好所在地高校的资源，可以通过让企业员工参与高校学术讲座，或者请科研人员去企业做技术指导等方式来拓宽合作渠道，一方面可以提高企业员工的学术素质，另一方面也可以通过对于学界目前的研究方向来了解前沿科技的发展，以及行业未来发展趋势，可以一举多得。企业与学校完成信息共享、资源互通及时跟踪了解当下科研成果的进展，实

现学校与企业人才的流动，与高校或者科研院所结合成为命运共同体，对企业的技术革新意义非凡。

我国的 12 制造业强省，如广东、江苏、浙江等，这些省份大多也拥有数目较多的高校，所以对于企业而言，依仗本地丰富的科研资源，拓宽与学校合作的渠道，加深合作的深度，还会有很大收益。企业要利用好本地区高校这个"幕僚团"，不断调整企业创新研发的策略，及时与学校沟通交流，可以有效提高科研项目的成功率与科研成果的实用性。

4. 大型企业应当发挥创新的规模优势

大型企业相较于中小企业有着更为雄厚的资金，可以进行大规模的自主创新研发活动，并且风险承受能级较强，可以承受研发失败带来的后果，可以等待漫长的研发周期，不急于短期收益。与此同时，大型公司的产品对于用户对于市场产品的需求具有引导性，成功的制造企业甚至可以做到创造需求，投资研发的收益更大。所以大企业应当充分利用研发资金，提高自身自主创新能力，提高自主创新产品的市场竞争能力。由此大型企业应当加大对于技术创新的投入，提高持续创新能力。建立健全创新组织结构以及创新型团队，使研发创新直接对口市场以及消费者需求，激活和优化大型企业的科研技术存量。

大型企业在存在上述优势的同时也存在一些不足，比如说发展惯性，想要改变企业原有的技术创新发展方向与以及投入方向成本会很高，而且日常运营中管理费用巨大。管理结构冗杂，组织结构僵化，日常业务流程化，官僚化的现象也屡见不鲜部分制造业大型企业还存在资产专用性的问题，以上问题均不利于企业的创新发展。因此，大型企业集团可以采取多种适合创新的组织形式和激励创新的收益机制，比如当前炙手可热的拆分事业部已成为企业提升创新活力的重要手段，通过组织变革来加强创新管理。

5. 应加强对劳动力成本的管理控制

要提高对于劳动力成本管理的意识，正确认知劳动力成本管理。

在我国大多数制造业产业中劳动力成本管理依旧是一个薄弱环节。对于企业而言，劳动力成本管理关系到一家企业的竞争力以及在市场竞争中所能占据的地位。从分配的角度，认识到它是正确处理国家、企业、职工三者利益的重要经济杠杆，它是调节劳动者这个利益主体的经济行为，从而调节劳动力资源的配置，形成企业的激励和动力机制的经济因素（张莉和刘希宋，2001[142]）。并且劳动力成本管理关系到企业人才资源的质量问题，牵扯到企业转型升级所需的额人才引进，关系到企业经济效益的提升。

首先要按照企业的实际需求合理的定岗定编，对于分工不明确或者可有可无的岗位进行人员精减，通过这种方式来控制劳动力成本。合理的定岗定编也是劳动力成本控制的基础，精减工作人员可以降低劳动力成本的投入，避免工作人员多余所造成的劳动力成本投入与经济效益产出的不协调，以及人工成本的无效益增长，让企业可以真正提高为企业做出贡献的职工的收入水平。另外，也可以降低企业的管理费用。

其次精减人员也并不仅是简单的下岗与裁员，就目前我国的劳动力市场供给关系而言，大部分制造业企业依旧缺乏劳动力资源。可以为他们重新安排工作岗位，到需要劳动力测岗位上去。或者对于一些劳动者可以采取统一组织劳动技能培养或者相关技能再学习的方式，培养成为企业需要的人才。如果企业有新部门组建或者新项目需要劳动力，也应当优先从富余劳动力中选取适合的劳动者。在优化组织结构的同时，也应该解决好富余劳动力的开发，充分利用企业现有劳动力，为企业的转型升级助力。

控制劳动力成本在企业经营总成本中的比率。在我国的劳动密集型产业中普遍存在一个问题，就是企业的收入过度倾斜向人工费用。比如说，有的企业劳动分配率、人事费用率和人工成本占总成本比重都高于行业平均水平，但是由于企业所创造的收益与增加值中绝大部分被劳动力费用与员工福利所占据，企业很难留出费用用于产业升级与自主创新，这也造成了许多产能低下的传统企业在过去几年看起来收益颇高但是并没有足够的资金对自己落后的生产方式进行转换升级。要解决这种问题首先要对劳动力成本的控制标准进行细化。企业要根据自身不同的行业类型，建立适合自身的劳动力成本分析体系与管理控制指标。可以从该行业企业平均的劳动分配率、人事费用率、劳动力成本占总成本比重这三个比率指标为对比，来对比企业自身相较于行业平均值的差距[142]，从相差的状态就可以知道自身企业的劳动力成本所占总成本比率在行业中水平。企业应当加强自身对于劳动力成本比率的宏观调控，在劳动力成本控制的较好的情况下，可以适当提高优秀职工的工资收入，这样可以调动劳动者的积极性，又可以使企业的劳动力成本始终保持其应有的竞争力。这样即吸引人才加入企业，提高企业综合实力，也有利于企业的人力资源利用对员工有着有效的激励作用，形成一个良性循环。如果企业劳动力成本所占总成本比率相比较同行业其他企业较高，要积极寻找原因，将劳动力成本所占比例降下来协调好劳动力成本与企业盈利增加值、销售收入等所占总成本的比率关系。加强对工资总额的控制，建立工资的控制体系，将部门劳动者成本指标纳入企业各部门考核范围。对于在经营过程中出现亏损的企业，它们的劳动力成本所占总成本的指标直接不符合企业正常运营的需求，大部分亏损企业的员工收入水平会低于平稳运营企业的收入水平和劳动力市场水平，这样来看对于正在亏损中的企业已经不能通过简单的降低劳动力成本来达到控制劳动力成本的目的，所以通过常规的劳动力成本控制将十分困难。要想扭转企业亏损的现状不仅仅需要精减人员，将企业运行中不太需要的富余人员分离出来，还需要从企业的业务方面入手，开发出更好的产品，或者说扩大市场。将无效的劳动力成本投入跟其他无效损耗降下来的同时，将企业效益提升上去，双管齐下才能帮助企业摆脱困境。

企业也需要加强对于劳动力成本的弹性控制。为了保证企业的盈利与技术革新，企业要保证平均劳动力成本增长速度要低于个人生产增加值与人均消费收入。保证劳动力总成本的增长低于企业产值的增加速度，如果劳动力成本的增长速度高于企业产值的增加速度，那说明企业的劳动力成本的管理存在问题。人工成本是一个消耗因素，这种消耗因素必须带给企业大于自身价值的收益时才具有必要性，所以要考虑人工成本投入的边际效应。从企业日常经营角度考虑，是否增加投入劳动成本的依据必须是所产生的经济效益是否大于所投入的资本。关于劳动力成本的弹性控制，企业应当建立对应的分析标准与控制体系，要对企业之前的劳动力管理经验进行总结，不断提高人工成本管理水平。

对于劳动力成本弹性控制已经取得成效的企业，应当总结之前的经验巩固已有的管理成果，通过对于劳动力成本的控制寻求新的企业经营管理方式。企业的劳动力成本弹性控制得好，可以说明企业对于劳动力成本的投入取得相应的产出，劳动力成本的投入取得了正面的效果，从公司经营角度来讲增加了企业的收益，从管理角度而言激励了员工的积极性，有利于企业的发展与壮大[142]。对于劳动成本弹性控制失败的企业，应该总结弹性控制失败的具体原因。有的企业在人均劳动力成本增长的同时，人均增加值、人均销售收入、人均收益的增长幅度却要小于人均劳动成本的增长速度，这就表示了企业劳动力成本的投入所产生的边际收益太小，或者说企业对于劳动力成本的投入过高，也从侧面说明了该企业生产形式落后生产效率低下，这就需要企业在今后的生产经营过程中，结合人工成本的弹性控制体系，采取相应措施，进一步减少无效的人工成本消耗，以利于企业的生存和发展[142]。也应该从企业的生产经营渠道找方法，比如说，积极开拓市场、研发适应市场的新产品以此来增加企业营业额。并且积极进行产品技术的开发，增加生产效率改变产品结构，增加产品的科技含量以此来增加产品的利润率。另外应该不断提高生产技术水平，以此来提高企业的生产效率，并且高视乎生产水平的企业，往往有着较低的人工消耗与生产原材料耗损。通过提高生产技术水平，降低生产总成本，在增加或者不增加劳动力成本投入的同时都可以提高企业的总利润。严格限制、减少无效消耗人工成本支出，减少冗员、堵塞漏洞，最大限度降低人力资源的无效损耗。在企业的各种激励方式中，工资是最直接有效的激励方式。工资作为劳动力成本的主体部分，企业应当利用好工资对于员工的激励作用，采取按照各级各类人员从事工作不同拉开工资差距，对于基层员工实行按劳分配、多劳多得使工资这一劳动成本构成要素发挥最大的激励作用，对于工资的管理也是企业进行劳动力成本管理的重要方式之一。在目前市场经济的环境下，企业应当进一步规范对人工成本的结构管理。按照国家现行规定，在工资以外的人工成本中，职工福利费用按工资总额的 14% 提取，职工教育经费按工资总额的 1.5% 提取[142]。但是企业劳动力成本结构中，职工教育成本远不够高，这种低教育成本的劳动力成本结构不利于企业的长期发展，而且不利于员工素质的提高，最终会阻碍制造业企业的转型升级。企业应当适当增加对于员工的教育培训投入，以谋求更长期的发展。

8.2.4　劳动者角度

1. 提升劳动者自身素质

劳动力成本上升不仅仅对于制造业企业是一个大的挑战，在制造业企业中就业的劳动者自身也将面临一些问题与考验。伴随着劳动力成本的上涨，制造业企业的转型升级势在必行，传统的劳动密集型产业也必须进行技术革新，伴随着技术资本的注入，原本在产品生产过程中许多简单重复的体力劳动将会被科技所替代，如说生产线工人、装卸工等。这也意味着原本许多工作岗位将不复存在。另外，在制造业转型升级过程中，必定伴随着许多生产力落后、管理机制老旧的制造业企业最终走向倒闭解体。而且，伴随着技术的革新行业对于从业者的节能要求与知识储备肯定会有更高的标准。所以，劳动者如何适应就业市场的新形势，如何做到不被时代所淘汰，也是当前形势下劳动者应该考虑的问题之一。

在新一轮的市场变革中，结构性变革正在悄然发生，劳动密集型产业中的大部分企业必将面临淘汰，未来这一类行业所能吸纳的就业人数有限，劳动者应当充分储备知识、提高技术水平来争取新的就业机会。对于已经从事制造业行业的劳动者而言，应当对于自身所具有的技能以及自身的实际能力进行客观评价。分析自身所从事行业未来的发展形势，以及自身的职业会因为行业的变化所产生变动的可能。顺应行业变动的趋势，在自身力所能及的条件下，积极学习与自己职业相关的新知识，利用当今发达的互联网与网上丰富的学习资源丰富自己的学识，提高自身的业务能力。也可以通过参加成人高考、报考非全日制研究生、考取自己从事职业相关证书等方式壮大自身就业实力。未来的制造业必将是充满新兴科技与产能发达的新型制造业，传统的体力劳动必然被淘汰。劳动者应当对于自身的优势劣势有清晰的认知，并且根据自身的优劣为自己量身制定职业规划。积极参与企业的技能培训，多学技能、储备知识，提高自身技术能力，使自己成为未来行业需要的技术型人才告别以往简单重复的工作方式。

2. 加强劳动者职业能力培养和培训

我国是制造业大国，截至 2019 年制造业产值在我国 GDP 总值中的占比为 26.77%，截至 2018 年中国制造业城镇非私营单位就业人员数量为 4178 万人。这也意味着大批大学生毕业之后将踏入制造业企业从事对应工作。制造业生产方式的变革必将对毕业生的能力提出新的要求。毕业生面对此番制造业转型升级所引动的就业新形势，应当加强自身学习，以提高未来自身的就业择业能力，也为了以后应对多变的就业市场形势多做一份准备。改造在校学生应当在努力学习科学文化知识，强化自身专业业务能力的同时，应该积极参与实训操作，提高自己的实际操作能力。并且在这大数据时代，计算机操作能力尤为重要，高校学生应该提高自身的计算机操作能力适应大数据时代。大学毕业生应当迅速适应工作环境，制定合适自身正确的职业规划，提高、强化自身工作素质，提高就业竞争能力，树立长远的人生发展目标，而不是局限于眼前的利益。就目前而言高等教育已经不是曾经的精英式教育，而是大众化的教育，以往大学毕业生稀缺的现象不复存在。高校毕业生要转变就业观念，树立正确的世界观、人生观、价值观。在最艰苦、最需要的地方就业创业。在这些地方工作，更能锤炼大学生的意志，更能促进大学生快速成长。同时，在思想上要高度重视到基层工作，在行动上要主动报名到基层工作。高校毕业生还要认真研读国家关于就业创业的政策措施，特别是关于在基层、中小微企业就业的一些政策措施，了解最新的优惠政策，要坚定自己的信念，在不同的工作岗位上发挥、施展自己的才华（闫轲，2018[143]）。

8.3　本章小结

本章在前文的理论分析和数据分析得出的结论基础之上，结合我国目前制造业转型升级的现状、劳动力成本上涨的大环境，分析了我国在这方面政策的不足之处，并且提出了对应对策建议。并且借鉴了美国与日本解决技术型劳动力短缺与产学研结合培养人才的经验。

从政府角度而言，政府应当完善教育培训和产业升级的相关政策，合理调整教育结构，加强对应用型和技能型人才的培养力度，使制造业转型升级和教育培训实现双赢和良性循环。根据制造业的细分行业，来制定差异化的政策，以政策引导不同行业进行转型升级的同时，用政策来保障企业的权益。深化金融供给侧改革，拓宽制造业企业融资渠道，降低融资成本与融资难度，为制造业企业的自主创新保驾护航。改变以往的人才培养模式，提高劳动者的素质，以此来保证企业对于高素质劳动力的需求。另外，应当根据当下的世界贸易新形势、国内劳动力市场的新形势与制造业转型升级的态势来科学的制定制造业企业的发展蓝图。

从行业角度而言，首先要完成生产技术的转型升级，摒弃以往通过廉价劳动力、丰富的原材料资源以及宏大的消费市场来获取利润的生产方式，通过技术创新来使我国在国际贸易竞争中占据一席之地。

另外应当采取差异化发展的方式，防止行业中产品出现"同质化"等问题。加强自身的产品深加工能力，延长产品增值链。

从企业角度而言，首先应当对劳动力成本上涨以及制造业转型升级的大趋势建立正确的认知，并且根据当下经济形势制定企业发展蓝图，在保证企业平稳运营的同时实现相关技术的改造升级，淘汰老旧的生产技术，逐渐用技术要素与资本要素替代生产过程中的劳动力要素投入。制造企业应对每年劳动力市场供求状况进行调研，分析劳动力市场发展动向，做好员工招聘、人力资源开发、长短期薪酬管理、技能培训的成本投入、降低人才离职率，做好劳动力成本管理。逐渐减少对于国外技术的引进，不断提高自身科研能力，由从国外购买技术到自主研发基础过渡。并且应当积极响应国家政策号召，参与到"产学研深度融合"的体系中去，借助高校的科研优势，完成自身技术的升级改造。

从劳动者个人角度而言，制造产业劳动者应对自身素质和具备技能进行客观评价，分析自身技能优势和劣势，制定合理的职业生涯规划，有重点有目的地进行技能培训和知识更新，树立终身学习的意识。对于即将踏入工作岗位的高校学生，应当树立正确的就业观与择业观，在学好课本知识的同时掌握实际操作能力，还要根据生产技术的进步掌握以后工作所需要的技能，使自己成为市场真正需要的复合型人才。

参 考 文 献

[1] 柏星. 我国省域要素禀赋与制造业耦合协调性研究 [J]. 技术与创新管理, 2021, 42 (3): 267 – 274.

[2] 蔡昉, 都阳. 工资增长、工资趋同与刘易斯转折点 [J]. 经济学动态, 2011 (9): 9 – 16.

[3] 蔡昉. 劳动力短缺: 我们是否应该未雨绸缪 [J]. 中国人口科学, 2005 (6): 11 – 16.

[4] 蔡昉. "民工荒" 现象: 成因及政策涵义分析 [J]. 开放导报, 2010 (2): 5 – 10.

[5] 蔡昉, 王德文, 曲玥. 中国产业升级的大国雁阵模型分析 [J]. 经济研究, 2009, 44 (9): 4 – 14.

[6] 蔡昉, 王美艳. 劳动力成本上涨与增长方式转变 [J]. 中国发展观察, 2007 (4): 14 – 16.

[7] 陈晓华, 刘慧. 成本上升、外需疲软与制造业技术复杂度演进——基于内外资和要素密集度异质性视角 [J]. 科学学研究, 2014, 32 (6): 860 – 872.

[8] 陈晓华, 刘慧. 外需疲软、生产技术革新与制造业劳动力价格扭曲 [J]. 统计研究, 2015, 32 (10): 47 – 55.

[9] 陈怡, 王洪亮, 王晓青. 对外开放与中国制造业工资差距——基于劳动力供需模型的实证检验 [J]. 财贸研究, 2011, 22 (1): 8 – 18.

[10] 程承坪, 张旭. 工资增长对中国制造业国际竞争力的影响研究 [J]. 中国软科学, 2012 (4): 60 – 67.

[11] 邓鹭. 劳动力成本上升对我国制造业结构变动的影响研究 [D]. 山东大学, 2018.

[12] 都阳. 制造业企业对劳动力市场变化的反应: 基于微观数据的观察 [J]. 经济研究, 2013 (1): 32 - 40.

[13] 樊学瑞, 高波. 中国劳动力成本的测算和比较 [J]. 河北学刊, 2019, 39 (6): 110 - 118.

[14] 范佳颖, 杨梦圆. 日本劳动力市场不平等现象研究 [J]. 中国商论, 2021 (7): 173 - 175.

[15] 冯永琦, 张蕃严. 中国劳动力成本问题研究综述 [J]. 人口学刊, 2018, 40 (4): 103 - 112.

[16] 傅元海, 叶祥松, 王展祥. 制造业结构变迁与经济增长效率提高 [J]. 经济研究, 2016, 51 (8): 86 - 100.

[17] 高原. 中国各地区制造业比较优势变化 [D]. 河南大学, 2019.

[18] 葛剑雄. 中国移民史 (第一卷) [M]. 福州: 福建人民出版社, 1997: 48 - 50.

[19] 龚晓娟. 劳动力成本上升对我国制造业企业创新激励影响的实证研究 [D]. 浙江财经大学, 2019.

[20] 管立杰, 赵伟. 基于 DEA - Malmquist 的农村基础设施供给效率评价 [J]. 统计与决策, 2020, 36 (4): 172 - 175.

[21] 郭进. 传统制造业企业智能化的路径选择研究 [J]. 人文杂志, 2021 (6): 69 - 78.

[22] 郭星光, 陈曦. 数据赋能与我国制造企业创新: 前沿探析与未来展望 [J/OL]. 科技进步与对策: 1 - 10.

[23] 郭兆晖, 孙金山, 郭路. 基于劳动力就业视角的中国经济增长分析: 理论与实践 [J]. 云南财经大学学报, 2020, 36 (12): 19 - 26.

[24] 何永保. 劳动力成本上涨对制造业竞争力的影响研究 [D]. 江西理工大学, 2019.

［25］侯明利.基于熵值法的劳动力流动与农地流转互动耦合关系及时空特征研究［J］.干旱区资源与环境，2020，34（8）：52－58.

［26］胡迟.加快制造业转型升级的战略举措［J］.经济纵横，2013（1）：86－89.

［27］胡迟.制造业转型升级最新成效的分析与对策［J］.经济研究参考，2015（20）：3－34.

［28］黄晶，薛东前，马蓓蓓，等.黄土高原乡村地域人—地—业协调发展时空格局与驱动机制［J］.人文地理，2021，36（36）：117－128.

［29］黄群慧，贺俊.上海制造业转型升级应找准方向［N］.解放日报，2016－05－17（014）.

［30］贾婷月.公共基础教育配置效率：资源优化还是资源浪费［J］.上海财经大学学报，2017，19（1）：49－60.

［31］贾小玫.中国制造业劳动力成本上升的正负效应分析［J］.财经理论与实践，2015（4）：121－125.

［32］焦斌龙，焦志明.中国人力资本存量估算：1978—2007［J］.经济学家，2010（9）：27－33.

［33］雷雯.劳动力成本上涨对我国居民消费需求的影响［J］.改革与战略，2017，33（8）：146－149.

［34］李福柱，刘华清.我国制造业转型升级的区位因素效应研究［J］.经济学家，2018（6）：57－64.

［35］李建强，赵西亮.中国制造还具有劳动力成本优势吗［J］.统计研究，2018，35（1）：22－31.

［36］李建伟.我国劳动力供求格局、技术进步与经济潜在增长率［J］.管理世界，2020，36（4）：96－113.

［37］李景晶.要素结构变化促进产业结构升级研究以浙江省为例［D］.云南大学，2015.

［38］李平，宫旭红，张庆昌.工资上涨促进劳动生产率提升：存在性及门槛效应研究［J］.山东大学学报（哲学社会科学版），2011

（3）：83 – 91.

[39] 李萍，谌新民. 人力资本投资、就业稳定性与产业转型升级——基于东莞市的经验数据 [J]. 学术研究，2012（9）：80 – 86.

[40] 李欣阳. 劳动力成本上升对企业间生产率差异的影响 [D]. 大连理工大学，2019.

[41] 李杨，安瑞娟. 劳动力价格上涨原因分析及企业应对策略 [J]. 商业经济，2012（16）：55 – 56.

[42] 李颖，李浩宁. 人工智能发展对天津制造业产业结构高级化的影响研究 [J]. 天津商业大学学报，2021，41（3）：20 – 27，35.

[43] 李媛恒，石凌雁，李钰. 中国制造业全要素生产率增长的测度与比较 [J]. 经济问题，2020（3）：93 – 91.

[44] 李志强，赵磊. 劳动力有序流动的法律规制与路径选择 [J]. 湖北社会科学，2021（2）：125 – 133.

[45] 李中建，刘翠霞. 制造业升级中劳动力需求趋势与质量结构研究——基于灰色理论的实证分析 [J]. 工业技术经济，2015，34（2）：117 – 123.

[46] 李作战. 全球产业转移背景下引进外资项目的综合评价模型——基于科学发展观的视角 [J]. 重庆大学学报（社会科学版），2007（1）：27 – 31.

[47] 梁宇. 我国劳动力成本上升的原因及对策分析——基于劳动力供求角度的研究 [J]. 山东广播电视大学学报，2017（2）：73 – 76.

[48] 廖骏. 我国劳动力成本上升分析——以制造业为例 [J]. 中国劳动，2007（4）：11 – 13.

[49] 廖少宏. 中国劳动力市场供求关系变化的特点及影响 [J]. 当代经济，2009（6）：10 – 11.

[50] 廖重斌. 环境与经济协调发展的定量评判及其分类体系——以珠江三角洲城市群为例 [J]. 热带地理，1999（2）：3 – 5.

[51] 刘东皇，王志华，葛莹玉. 劳动力成本、消费成长与产业结构升级 [J]. 当代经济管理，2017，39（2）：1 – 5.

［52］刘丽，任保平．经济增长过程中我国工资水平对产业结构升级的效应分析［J］．经济经纬，2012（2）：56－60．

［53］刘社建．劳动力人工成本上升与经济发展转型——以上海为例［J］．兰州商学院学报，2011（4）：48－55．

［54］刘爽．我国劳动力资源错配的经济影响分析［D］．天津财经大学，2017．

［55］刘天元．重庆制造业企业转型升级影响因素研究［D］．西南大学，2017．

［56］刘志彪．中国经济转型与发展研究［J］．南京大学学报（哲学·人文科学·社会科学版），2005（5）：19．

［57］卢福财，罗瑞荣．全球价值链分工条件下产业高度与人力资源的关系——以中国第二产业为例［J］．中国工业经济，2010（8）：76－86．

［58］卢晶亮．城镇劳动者工资不平等的演化：1995－2013［J］．经济学，2018（4）：1305－1328．

［59］马艳梅，吴玉鸣，吴柏钧．长三角地区城镇化可持续发展综合评价——基于熵值法和象限图法［J］．经济地理，2015，35（6）：47－53．

［60］毛瑞芬．郑州市产业结构调整研究［D］．福建师范大学，2008．

［61］潘为华，潘红玉，陈亮，等．中国制造业转型升级发展的评价指标体系及综合指数［J］．科学决策，2019（9）：28－48．

［62］裴长洪，刘斌，杨志远．综合竞争合作优势：中国制造业国际竞争力持久不衰的理论解释［J］．财贸经济，2021，42（5）：14－30．

［63］彭源．江西省工业产业生态化发展研究［D］．南昌大学，2015．

［64］戚庆余．再论无效劳动合同的解除：从劳动合同解除的社会实益视角出发［J］．中国人力资源开发，2021，38（1）：75－86．

[65] 邱斌，周荣军．集聚与企业的出口决定——基于中国制造业企业层面数据的实证分析 [J]．东南大学学报（哲学社会科学版），2011，13（6）：9-14，126．

[66] 曲玥．制造业产业结构变迁的路径分析——基于劳动力成本优势和全要素生产率的测算 [J]．世界经济文汇，2010（6）：66-78．

[67] 宋林，张杨．创新驱动下制造业的产业转型升级 [J]．西安交通大学学报（社会科学版），2020，40（1）：38-47．

[68] 苏杭，郑磊，牟逸飞．要素禀赋与中国制造业产业升级——基于 WIOD 和中国工业企业数据库的分析 [J]．管理世界，2017（4）：70-79．

[69] 苏红键．空间分工理论与中国区域经济发展研究 [D]．北京交通大学，2012．

[70] 苏永照，李明，施惠惠．劳动力价格变动趋势及影响研究——以江苏省南通市重点产业为例 [J]．价格理论与实践，2017（6）：145-148．

[71] 孙理军，严良．全球价值链上中国制造业转型升级绩效的国际比较 [J]．社会科学文摘，2016（3）：62-63．

[72] 孙玉磊．劳动力成本上升影响制造业产业结构的理论与实证研究 [D]．湖南大学，2014．

[73] 谭永生．人力资本与经济增长——基于中国数据的实证研究 [M]．北京：中国财政经济出版社，2007：108-112．

[74] 汤杰新，唐德才，吉中会．中国环境规制效率与全要素生产率研究——基于考虑非期望产出的静态和动态分析 [J]．华东经济管理，2016，30（8）：86-93．

[75] 铁瑛，黄建忠，高翔．劳动力成本上升、加工贸易转移与企业出口附加值率攀升 [J]．统计研究，2018，35（6）：43-55．

[76] 王非暗，王珏，唐韵，范剑勇．制造业扩散的时刻是否已经到来 [J]．浙江社会科学，2010（9）：2-10，125．

[77] 王晶．中国劳动力成本上升对产业结构升级影响研究 [D]．

辽宁大学，2017.

［78］王希元，杨璐．基于内生增长理论的分析［J］．财经理论研究，2016（4）：30 – 35.

［79］王小霞，蒋殿，春李磊．最低工资上升会倒逼制造业企业转型升级吗？——基于专利申请数据的经验分析［J］．财经研究，2018，44（12）：126 – 137.

［80］王燕武，李文溥．基于单位劳动力成本的中国制造业国际竞争力研究［J］．统计研究，2011（10）：60 – 67.

［81］王艺．济南市长清区产学研结合问题研究［D］．山东师范大学，2019.

［82］巫文强．民生家庭保障的根本问题是劳动力生产耗费补偿［J］．内蒙古社会科学（汉文版），2017，38（2）：129 – 134，2.

［83］吴建峰．经济改革、集聚经济和不均衡增长［M］．北京：北京大学出版社，2014：79 – 105.

［84］吴进红，蒋兰陵．江苏制造业的资本深化与技术进步［J］．产业经济研究，2010，4（4）：58 – 64.

［85］吴秋阳．劳动力成本上涨对我国制造业劳动生产率的影响［J］．理论建设，2016，4（6）：42 – 47.

［86］吴业斌．劳动力成本上升对制造业结构升级影响研究［D］．扬州大学，2014.

［87］武康平，田欣．信息不对称与供求失衡下的"用工荒"［J］．经济学报，2020，7（2）：194 – 230.

［88］席建成，孙早．劳动力成本上升是否推动了产业升级——基于中国工业断点回归设计的经验证据［J］．山西财经大学学报，2017，39（5）：39 – 53.

［89］谢孟军．对外贸易驱动汉语国际推广研究：理论与实证［M］．北京：人民出版社，2023.

［90］胥朝阳，赵晓阳，徐广．风险还是机遇：经济政策不确定性对制造业突破式创新的影响［J］．科技进步与对策，2020，37（8）：

68 – 76.

［91］闫轲．新形势下河南省高校毕业生就业问题及对策研究［D］．华北水利水电大学，2018.

［92］阳立高，谢锐，贺正楚，等．劳动力成本上升对制造业结构升级的影响研究——基于中国制造业细分行业数据的实证分析［J］．中国软科学，2014（12）：136 – 147.

［93］杨虹，王乔冉，张柯．中国数字普惠金融、教育水平与农村贫困问题探析［J］．江汉学术，2021（3）：41 – 52.

［94］杨友宝，陈赠伊，彭安琪．湖南省旅游"市场规模—产业效益—教育水平"耦合协调时序演变特征研究［J］．东北师大学报（自然科学版），2021，53（1）：153 – 160.

［95］易小丽，陈伟雄．基于 DEA 方法的国家创新绩效评价与比较研究［J］．经济研究参考，2018，4（45）：11 – 22.

［96］于畅，邓洲．新一代信息技术驱动下的全球价值链调整及其应对策略［J］．全球化，2021（2）：89 – 101，134 – 135.

［97］詹新宇，方福前．劳动力成本上升与中国经济波动——基于动态新凯恩斯主义视角［J］．金融研究，2014，4（4）：1 – 16.

［98］张晶，陈志龙．劳动力成本上升与中国制造业转移［J］．统计研究，2021（6）：30 – 35.

［99］张抗私，刘翠花，丁述磊．国有部门与非国有部门的工资差异及影响因素研究［J］．南京审计大学学报，2017，14（4）：24 – 33.

［100］张莉，刘希宋．企业人工成本的控制体系与对策研究［J］．中国软科学，2001，4（3）：90 – 93，97.

［101］张若雪．人力资本、技术采用与产业结构升级［J］．财经科学，2010（2）：66 – 74.

［102］章立东，李奥．传统制造业集群与区域经济高质量发展耦合研究——以陶瓷制造业为例［J］．江西社会科学，2021，41（3）：81 – 91.

［103］赵锦春，谢建国．有效需求、劳动力要素分配与劳动生产

率——兼论要素分配与我国经济增长方式转型 [J]. 山西财经大学学报, 2014 (6): 14 – 27.

[104] 赵息, 王伟红, 王伟鹏. 制造业人力资源需求的灰色预测——以山东省为例 [J]. 华东经济管理, 2009, 23 (2): 1 – 3.

[105] 郑猛, 杨先明, 李波. 有偏技术进步、要素替代与中国制造业成本——基于 30 个行业面板数据的研究 [J]. 当代财经, 2015 (2): 85 – 96.

[106] 郑延智, 黄顺春, 等. 劳动力成本上升对产业结构升级转型的影响研究 [J]. 华东交通大学学报, 2012 (4): 113 – 117.

[107] 中华人民共和国国民经济和社会发展第十四个五年规划和 2035 年远景目标纲要 [N]. 人民日报, 2021 – 03 – 13 (001).

[108] 周丽, 范德成, 刘青. 劳动力成本上升对我国制造业竞争力的影响及对策 [J]. 经济纵横, 2013 (11): 50 – 52.

[109] 周茂, 陆毅, 李雨浓. 地区产业升级与劳动收入份额: 基于合成工具变量的估计 [J]. 经济研究, 2018, 53 (11): 132 – 147.

[110] 周晓波. 刍议制造业成本管理存在的问题及对策 [J]. 经济师, 2018 (6): 267 – 268.

[111] 周毅, 许召元, 李燕. 日本制造业发展的主要经验及其启示 [N]. 经济日报, 2020 – 07 – 16 (011).

[112] 朱忠文, 王红梅. 从 "民工荒" 看未来若干年农村劳动力的供求 [J]. 统计研究, 2006 (2): 17 – 20.

[113] [美] 迈克尔·波特. 国家竞争优势 [M]. 李明轩, 邱如美, 译. 北京: 华夏出版社, 2002, 1: 817.

[114] [美] 诺思. 经济史中的结构与变迁 [M]. 上海: 上海人民出版社, 2002.

[115] Alfred Marshall. Principles of Economics: An Introductory Volume [M]. Social Science Electronic Publishing, 1927.

[116] Almeida R K, Carneiro P. The Return to the Firm Investment in Human Capital [J]. IZA Discussion Papers, 2006.

［117］ Arrow K. Some mathematical models of race discrimination in the labor market, 1972.

［118］ Arthur Lewis. Economic Development with Unlimited Supplies of Labor ［J］. The Manchester School, 1954, 22 (2): 139 – 191.

［119］ Baniste R J. Manufacture China today: Employment and labor compensation ［J］. America Economic Reviews, 2009, 49 (5) : 1103 – 1154.

［120］ Burke F, Walsh P P. Regional earning disparities and the speed of transition: evidence from Poland 1994 – 1997 ［J］. IZA Journal of Labor & Development, 2012.

［121］ Charlie Karlsson, Börje Johansson, Roger R. Stough. Entrepreneurship, Social Capital and Governance: Directions for the Sustainable Development and Competitiveness of Regions ［M］. Edward Elgar Publishing: 2012 – 11 – 30.

［122］ Cordon H, Hanson. The Rise of Middle Kingdoms: Emerging Economies in Global Trade ［J］. Journal of Economic Perspectives, 2012 (5): 50 – 61.

［123］ Downing, P. B. , L. J. White. Innovation in Pollution Control ［J］. Journal of Environmental Economics and Management, 1986 (13): 18 – 27.

［124］ Du Y, Qu Y. Labor Compensation, Labor Productivity and Labor Cost Advantage ［J］. Social Science Electronic Publishing, 2009, 5: 58 – 65.

［125］ Edwards, Richard. Alienation and inequality; capitalists relations of production in bureaucratic enterprises ［J］. unpublished ph. D dissertation, Harvard university, 1972.

［126］ Erin Lett and Judith Banister. China's Manufacturing Employment and Compensation costs ［J］. Monthly Labor Review, 2009 (2): 12 – 20.

[127] GA Akerlof. The Market for "Lemons": Quality Uncertainty and the Market Mechanism [J]. Quarterly Journal of Economics, 1970, 84: 488 – 500.

[128] Gibbons R, Katz L. Layoffs and Lemons [J]. Scholarly Articles, 1991 (4): 351 – 380.

[129] Hesieh, Chang – Tai, P. J. Klenow. Misallocation and Manufacturing TFP in China and India [J]. Quarterly Journal of Economics, 2009, 124 (4): 1403 – 1448.

[130] Hicks J. The Theory of Wages [M]. London: Macmillan, 1932: 373 – 384.

[131] Judith Banister. Manufacture China Today: Employment and Labor Compensation [J]. Economics Program Working Paper Series, 2007 (10): 10 – 20.

[132] Kahyarara G. Estimates of the productivity effect of higher education on Tanzanian labor market [J]. American Economic Review, 2003, 31 (7): 606 – 620.

[133] Krueger, A. B., Summers, L. H. Efficiency wages and the inter-industry wage structure [J]. Econometric, 1988: 259 – 293.

[134] Mittelman J H. Restructuring the Global Division of Labour: old theories and new realities [J]. Palgrave Macmillan UK, 1997.

[135] Mizobuchi, Hi de yuki. Measuring the comprehensive wage effect of changes in unit labor cost [J]. Journal of Economic Structures, 2015, 4 (1): 7.

[136] Palazuelos E, Fernández R. Demand, employment, and labour productivity in the European economies [J]. Structural Change and Economic Dynamics, 2009, 20 (1): 1 – 15.

[137] Prasad E. Capital flight in China? [N]. The Wall Street Journal, 2012 – 10 – 15.

[138] Ricardo Hausmann, Bailey Klinger. The evolution of compara-

tive advantage: the impact of the structure of the product space [R]. CID Working Paper, 2006: 106.

[139] Romer. P. Increasing Returns and Long-run Growth [J]. Journal of Political Economy, 1986 (94): 1002 – 1037.

[140] Shapiro Carl, Joseph E. Stiglitz. Equilibrium Unemployment as a Worker Discipline Device [J]. The American Economic Review, 1984, 74 (3): 433 – 444.

[141] Solow R. Monopolistic Competition and Macroeconomic Theory [J]. Cambridge Books, 1998, 44: 134 – 148.

[142] Young A. The Razor's Edge: Distortions and Incremental Reform in the People's Republic of China [J]. Quarterly Journal of Economics, 2000, 115 (4): 1091 – 1135.